Jacques e Lotka

AUDE YUNG-DE PRÉVAUX

Jacques e Lotka

UMA HISTÓRIA DA RESISTÊNCIA

Tradução de
ELIANA AGUIAR

EDITORA RECORD
RIO DE JANEIRO • SÃO PAULO
2002

CIP-Brasil. Catalogação-na-fonte
Sindicato Nacional dos Editores de Livros, RJ.

Y93j Yung-de Prévaux, Aude
Jacques e Lotka: uma história da resistência / Aude Yung-de Prévaux; tradução de Eliana Aguiar. – Rio de Janeiro: Record, 2002.

Tradução de: Un amour dans la tempête de l'histoire: Jacques et Lotka
ISBN 85-01-05882-3

1. Trolley de Prévaux, Jacques, 1888-1944. 2. Prévaux, Lotka de, m. 1944. 3. Guerra Mundial, 1939-1945 – Movimentos de resistência – França. 4. França – História – Ocupação alemã, 1940-1945. I. Título.

02-1010
CDD – 940.5344
CDU – 940.54(44)

Título original em francês:
UN AMOUR DANS LA TEMPÊTE DE L'HISTOIRE
Jacques et Lotka de Prévaux

Direitos exclusivos de publicação em língua portuguesa para o Brasil adquiridos pela
DISTRIBUIDORA RECORD DE SERVIÇOS DE IMPRENSA S.A.
Rua Argentina 171 – Rio de Janeiro, RJ – 20921-380 – Tel.: 2585-2000
que se reserva a propriedade literária desta tradução

Impresso no Brasil

ISBN 85-01-05882-3

PEDIDOS PELO REEMBOLSO POSTAL
Caixa Postal 23.052
Rio de Janeiro, RJ – 20922-970

Combatentes da resistência mortos nos maquis ou nos pelotões de execução, todos vocês que, em seu último suspiro, gritaram o nome da França, vocês que exaltaram as coragens, santificaram o esforço, inventaram a revolução. Vocês tomaram a frente da imensa e magnífica coorte dos filhos e filhas de França que souberam, na provação, atestar sua grandeza.

General de Gaulle
Prefácio ao Memorial dos Companheiros da Liberação

Heróis, ou seja, seres que não querem ser subjugados.

Jean Giono

Sumário

Anexos

Prefácio

O menino de oito anos que se esfalfava, em 1944, gritando "Viva a França! Viva de Gaulle!" imaginava que não havia nada maior que os "Resistentes", a quem devíamos a Liberação.

Dez anos mais tarde, aluno da Escola Naval, alimentado por leituras exaltantes graças às quais sabia "tudo" sobre os comandos da França Livre, sobre a coluna Leclerc e a 2ª DB, os marinheiros das corvetas, o *Casabianca* e os regimentos de fuzileiros navais, eu vim a descobrir que, na Marinha, não se falava (em 1954!) na Segunda Guerra Mundial. D'Estienne d'Orves, que para muitos se tornara um herói nacional, era politécnico; Amyot d'Inville, dos fuzileiros navais, era da Marinha Mercante, assim como os capitães-de-corveta Levasseur e Morsier. Não se evocava Détroyat, ex-aluno da Escola Naval; no entanto, sua morte na Síria era um feito francês. O comandante da Escola Naval deu a uma das salas o nome do comandante do *Poncelet* que naufragou com seu submarino depois de ter sido bombardeado pelos ingleses, mas nós sequer conhecíamos o nome de Drogou, comandante do *Narval*, alinhado com a França Livre e desaparecido, corpo e bens, sob o pavilhão da cruz de Lorraine.

Vinte anos mais tarde, li na página nobre de um livro intitulado *Marine oblige*: "Ao contra-almirante Jacques Trolley de Prévaux, fuzilado pelos alemães."

Até então nunca tinha ouvido falar desse oficial nem das circunstâncias de sua morte. E menos ainda lido seu nome na popa de um de nossos navios, nos quais floresciam os nomes de estrelas ou celebridades dos tempos da marinha a vela.

Mas o que havia feito o almirante Trolley de Prévaux para que seu sacrifício fosse assim encoberto pelo manto do silêncio? A resposta é difícil de formular, mas infelizmente podemos pensar que ela se resume a isto: "Era um resistente." Combatente da sombra, tendo rompido com os homens de Vichy, sua participação na luta durante a guerra era desconhecida por seus camaradas que serviam nas forças navais francesas livres, as FNFL. Fuzilado, assim como sua esposa, ninguém defendia sua memória nem cultivava sua lembrança, com exceção da admirável ação de Jacques Lévy-Rueff. E o silêncio, pouco a pouco, fazia esquecer seu sacrifício.

A história reconstituída por Aude Yung, filha de um oficial da marinha francesa e de uma judia polonesa nascida em Nova York, mas naturalizada francesa, ambos mortos pela França depois de terem sofrido o pior nas mãos da Gestapo, é absolutamente extraordinária. Tudo nela é fora do comum, a carreira e o caráter de seu pai, a vida de sua mãe, o engajamento dos dois e seu sacrifício final.

O modo como essa jovem mulher descobriu quem era é surpreendente. É de causar admiração ela ter conseguido dominar a emoção e partir em busca da história de seus pais, unir os pedaços esparsos e, finalmente, apresentar-nos este relato apaixonante, digno daqueles seres apaixonados que, graças a ela, revivem para nós.

Pode-se ler na pena do general de Gaulle[1]:

"Traído, feito prisioneiro, horrivelmente torturado por um

[1]*Mémoires de guerre*, t. I, *L'Appel*, capítulo "La France combattante".

inimigo sem honra, Jean Moulin morreu pela França, como tantos bons soldados que, sob o sol ou na sombra, sacrificavam uma longa noite vazia para melhor encher sua manhã." Tudo isso se aplica ao almirante de Prévaux, com a pequena diferença de que sua "jornada", para retomar a imagem, já ia mais avançada que a manhã. Vida cheia de experiências marítimas, aéreas, diplomáticas, sentimentais também, que se descobre com um interesse permanentemente renovado.

O mister de oficial de marinha se revela em toda a sua diversidade, e em sua exigência. A escolha do comandante do cruzador bloqueado em Alexandria que não se sente no direito de deixar seu navio, embora o desejo de continuar a luta o estimule a fazê-lo, e depois a escolha do responsável por uma rede que decide permanecer com os seus nos perigos da clandestinidade quando lhe propõem retomar o combate à luz do dia, estão entre aquelas que apenas um grande caráter é capaz de fazer.

Hoje, os nomes de "Kalo" e de Jacques de Prévaux saíram do esquecimento total: uma rua em Paris e outra em Toulon, dois grandes anfiteatros, em Rochefort e em Toulon, e um edifício militar em Lyon portam seus nomes. Este livro servirá para que se possa conhecer melhor estes dois destinos fora do comum, sublimados por um sacrifício livremente aceito, humildemente oferecido à grande causa da salvação da França em seu combate pela liberdade.

Esperemos que o exemplo assim oferecido seja sempre mais conhecido, e fielmente seguido.

MICHEL DEBRAY
Vice-almirante,
Presidente do Instituto Charles-de-Gaulle

Introdução

Eu tinha 23 anos quando soube brutalmente, e por acaso, quem eu era. Meus pais não eram, portanto, o casal idoso que me criara. Era já uma revelação de peso, que me afastava de repente de uma herança de avós provincianos, de um passado de férias à sombra das igrejas do interior. Vê-se com outros olhos os menores fatos de uma infância feliz. Não se é mais o que se era. Resta reconstruir-se uma história.

Eu era estudante. Naquele ano, redigia um trabalho sobre o "dualismo cátaro" e passava meus dias na Biblioteca Nacional decifrando montanhas de *in-folio* empoeirados. O zunzum abafado que subia da sala de leitura, a luz velada dos lustres verdes enquanto, acima da alta clarabóia, o céu de Paris se enchia lentamente de sombras, o cheiro seco dos livros antigos compunham uma atmosfera de recolhimento de onde eu emergia, atordoada e titubeante. Meu orientador de tese seguia meus trabalhos com distanciamento; ele me convocava às vezes para um salão de chá no Quartier Latin, onde, diante de um *choux à la crème*, falava do nada, do diabo e do açougueiro de Montségur, enquanto sua mão apertava meu joelho.

Eu estava ocupada escrevendo meu nome em grandes

caracteres em uma dessas fichas verdes que se preenchia então para obter as obras desejadas, quando reparei que meu vizinho da direita, um homem de idade, olhava o que eu escrevia.

"Perdoe-me a indiscrição, mas a senhorita não seria a filha do almirante Trolley de Prévaux?"

Sua voz enrouquecida não conseguia cochichar e produzia ruídos cavernosos. O leitor em frente levantou a cabeça, eu me sentia horrivelmente embaraçada. Melhor responder àquele homem correto e cortar rapidamente outras perguntas. Sua questão, no entanto, era absurda: meu pai, desaparecido há já se vão dez anos, era com certeza um militar, mas general; talvez meu interlocutor estivesse confundindo patentes equivalentes. Ademais, eu era categórica, não havia almirantes em minha família. Entretanto, falaria com minha mãe, talvez ela soubesse...

Ele me interrompeu, insistente como se estivesse cada vez mais seguro de ter razão:

"Este nome e este sobrenome, só pode ser você. E você se parece tanto com a pobre Lotka... Você nasceu em Nice, em 1943, pois não? Veja só! Mas claro, seus pais adotivos esconderam-lhe a verdade, agora me lembro. Não tivemos nem o direito de vê-la. Por causa da tragédia. Minha pobre pequena..."

Ele estava transtornado e não conseguia mais falar em voz baixa. Alguns "psiu" furiosos começaram a se fazer ouvir. Eu estava pálida. Devo ter balbuciado uma pergunta estúpida, indagado o que acontecera, pois ele, em três frases, demoliu meu aprazível universo:

"Minha pobre criança! Seus pais foram heróis. Eles faziam parte da Resistência, e foram mortos pelos alemães. Você era apenas um bebê... Sua mãe era judia, polonesa acho eu, ela era muito bonita, muito mais jovem que seu pai, que era almirante. Aí está!"

Lá estava. Não sei o que se passou em seguida. Quando saí daquela espécie de torpor em que tais palavras me colocaram, ele havia partido. A sala de leitura tinha voltado à calma. Eu precisei de tempo para reencontrar a minha.

Para começar, refazer minha identidade. No início, não precisei nem de detalhes. Com um punhado de elementos — heróis da Resistência, um almirante, uma judia, a Polônia — tem-se o suficiente para sonhar e tecer os laços entre o que se é e sua própria história. Quando tudo já está bem digerido, assimilado, pode-se então começar a fazer perguntas.

Micheline, minha mãe (adotiva), pareceu aliviada por eu ter sabido da verdade, sem se deter no fato de que tudo aconteceu sem preparação. Forçada a pronunciar as palavras que durante 22 anos não tivera a força de pronunciar — eu não era sua filha —, ela contou-me minha própria história. Limitou-se, porém, aos dados estritos da vida civil. A crer no que dizia, ela nada sabia daqueles pais que eu acabava de descobrir. Fechou-se atrás dos anos de guerra, das incertezas, das dificuldades de comunicação, do mal-estar provocado na família por seu casamento tardio e malvisto com François, irmão de meu pai almirante.

Considerando que adotar-me implicava a anulação de meu passado, Micheline tinha erguido ao seu redor senhas estritas de silêncio. Elas foram escrupulosamente seguidas pela burguesíssima família Trolley de Prévaux que, eu soube mais tarde, escandalizara-se com os diversos episódios da vida de meu pai e com a origem de minha mãe. O segredo foi guardado, portanto, durante 22 anos. Por tentar furar o bloqueio, minha tia materna foi declarada *persona non grata*, e com ela toda a minha ascendência polonesa. A ama que me recolhera depois da prisão de meus pais foi secamente mandada de volta para sua aldeia e suas cartas pedindo ingenuamente notícias minhas deixadas sem resposta. Quando eu quis saber como viveram os meus pais, uma espécie de amnésia acometeu o círculo familiar. Soube, no entanto, que meu padrinho polonês sabia mais a respeito; ele vivia no Marrocos e eu o conhecia superficialmente: tinha guardado alguns objetos que pertenceram a meu pai e esperava uma autorização para expedi-los para mim.

Então chegaram as malas de meu pai. Elas invadiram o salão, preenchendo o estreito espaço ainda vazio entre as bergères Luís XV e o divã que me serve de leito: duas sólidas caixas de madeira, cercadas de ferro, reforçadas por uma folha de um metal à prova de chuva, trazendo as marcas das enchentes e dos tufões nas costas da China, por onde perambularam por anos e anos. Sobre uma etiqueta amarelada, decifro, traçado em belas letras cuidadosas, o nome de meu pai: "Capitão-de-corveta Jacques de Prévaux", e do navio que ele comandava, o *Duguay-Trouin*.

Essas malas encalhadas no tapete certamente guardaram seu cheiro de mar... Imagino sentir um perfume de iodo e sal, os restos condimentados de um périplo asiático, traços de ópio, e mesmo os odores daquele rum com o qual a tripulação, já quase sem nenhum, devia se embriagar durante as bebedeiras rituais, enquanto, em suas nobres vestes brancas, escoltado por belezas coloniais, o comandante — meu pai! — perambulava pelo Bund de

Xangai. Mas as caixas já não cheiram a nada; elas dormem há um quarto de século em um sótão, esperando, para serem expedidas, que me seja enfim revelada a minha filiação.

Abertas entre tremores, as malas só revelam de início, enfiados no meio de pilhas de roupas engomadas, um monte dessas fotos antigas de bordas rendadas, papéis oficiais da Marinha, cadernos escolares, quantidades de livros e de manuscritos, e o lote habitual de cartas atadas por uma fita. Um conteúdo, à primeira vista, heteróclito e desconcertante. Fui diretamente para as fotos, espalhei-as impaciente, rápida, o rosto de meu pai iria aparecer para mim, eu descobriria minha mãe... Mas elas permaneciam enigmáticas e era uma tortura. Micheline era incapaz de responder às minhas perguntas: de todos os clichês com casais que sorriam, quais eram os meus pais? Entre aqueles oficiais alinhados sobre o tombadilho diante do fotógrafo, qual era o meu pai? Seria este, bem aqui, ou então aquele ali? Esta mulher inclinada sobre um berço, ela é minha mãe, e sou eu, em seus braços? Como seriam eles, quem eram? Quem sou eu?

Decidi então que esta história não me concernia: era antes de mim. Mas, uma vez abertas, as caixas não se deixam fechar assim tão facilmente. Impossível arranjar com cuidado tudo que elas encerravam, bater de volta a tampa e esquecê-las no fundo do sótão. Há sempre alguma coisa que escapa e se recusa a ser chaveada: esse manuscrito tratando do *Livro dos Mortos dos monges tibetanos* e essas obras de filosofia hindu, temas que me apaixonam há longo tempo; esses papéis falsos com os quais uma jovem atravessava a fronteira, escondendo na bolsa documentos que deveriam chegar a Londres; essa foto representando um bebê nos braços radiosos da mesma mulher; esse xale de oração e esses livros em hebraico; esse carnê militar onde se alinham elogiosas folhas de serviço; essas palavras de amor que transbordam das cartas, das quais eu não ousava desfazer os laços.

É preciso pôr um nome nesses rostos, e dar um rosto a meus pais desconhecidos. Descobrir testemunhas de suas vidas — depois de tanto tempo, talvez já não haja mais nada — e arrancar-lhes suas lembranças. Mergulhar nos arquivos do Serviço Histórico da Marinha e esquadrinhar as fichas dos Arquivos Nacionais. Voltar à Biblioteca Nacional e procurar seus nomes nos fichários. Tentar compreender por que a Márinha, que poucos resistentes deu à França, não honrou melhor a memória desse almirante. E sobretudo ler, as faces queimando, suas cartas, milhares de cartas, bilhetes, telegramas, todo um maná que, como por milagre, afluiu de repente, descoberta *in extremis* no fundo de um porão abandonada aos carregadores de entulho, ou que veio a mim graças a uma série improvável de acasos.

E, pouco a pouco, meus pais saíram da sombra e sua vida romanesca e trágica reconstituiu-se. Desenhou-se a silhueta de um homem fora do comum: um brilhante oficial da Marinha Real que desobedece a seus chefes e se lança desde 1941 na Resistência; um aristocrata saído de um meio ultracatólico que rompe com o código moral de sua família, ousa divorciar-se e desposar uma judia vinte anos mais moça; um sedutor, um opiômano que se junta aos mais modestos combatentes da sombra e resiste até o fim à tortura. Impôs-se o retrato de uma mulher excepcional: uma emigrante sem um tostão que se torna modelo de uma grande *Maison* de costura; uma jovem liberada, eventualmente sáfica, que um amor apaixonado enlaça para toda a vida; uma beldade frívola que descobre Claudel e Péguy, reclama para si as missões mais perigosas da Resistência e morre heroicamente.

É a história deles que escrevo aqui.

Primeira Parte

Um brilhante oficial

1

Uma vocação de marinheiro

Em um tombadilho do torpedeiro de esquadra *Chasseur*, um marinheiro sonha olhando as estrelas. Veste o uniforme com distinção, embora seja bastante magro; sem dúvida está doente, ou esgotado; seus olhos febris parecem ter engolido o rosto. Um livro, do qual se percebem as folhas gastas, desponta no bolso de sua camisa. A silhueta maciça do comandante emerge de improviso e o serviço retoma seu ritmo. O segundo-tenente Prévaux apressa-se a empurrar o livro para o fundo do bolso, imobiliza-se na posição de sentido, dá em poucos números o resumo da rota feita, da posição do barco e da direção seguida e espera com inquietação as novas instruções. Não há novas instruções. Tranqüilo depois de uma última saudação, ele retoma seus devaneios. Sua mãos, que são muito bonitas, esboçam um gesto em direção ao bolso; se ousasse, tiraria o livro e terminaria a leitura. A noite é calma, o *Chasseur* parece avançar sozinho sobre um mar liso e cintilante e as Cíclades ainda estão a muitas milhas de distância em direção nordeste.

Jacques de Prévaux adora os turnos da noite, quando

pode imaginar que está sozinho no mundo, cercado pelas sombras familiares dos instrumentos de navegação, embalado pela leve vibração das chapas de ferro cinzento. A solidão é seu elemento. Ele pode enfim deixar vagar seu pensamento, sonhar com os amores de suas últimas escalas, imaginar o que vai anotar mais tarde em seu diário ou mesmo ler escondido algumas páginas do livro que traz sempre consigo sem atrair as gracinhas de seus camaradas de bordo, junto aos quais passa por um intelectual. Se fosse menos tímido, saberia impor silêncio; mas o que responder-lhes? É verdade, ele só se sente à vontade com seus livros; os contatos humanos o assustam. Se alguém se aproxima, ele se retrai; tem que se controlar para sentar-se à mesa comum. Detesta com todas as suas forças a promiscuidade e a barulhenta fraternidade dos tombadilhos, desprezando-se ao mesmo tempo por não poder misturar-se a ela: a Marinha é isso também, e cada dia passado no mar lhe confirma que sua vocação é mesmo ser marinheiro. Seu pudor o impede de derramar sua alma romântica; precisaria de um amigo; ele acha que apenas seu comandante seria capaz de compreendê-lo. É a seu diário que confia suas dúvidas, indignas, acredita ele, de um futuro oficial de Marinha: "Será que eu estava certo ao escolher esta carreira? Ah! Eu me acho feio! E além de tudo preguiçoso: não li uma linha sequer em dois dias e a doença não é o único motivo disso." No entanto, ele o sente, está fadado a um destino excepcional.

Adivinham-se as primeiras luzes de Milo. O segundo-tenente abandona a contragosto a contemplação do céu grego, que o levara a evocar os filósofos de Creta e a harmonia que eles decifravam na forma como se dispunham as estrelas. A harmonia continua sempre lá, por toda a eternidade; tudo é claro e tranqüilo. Entretanto, estas mesmas estrelas vida de penitência e solidão. Jacques passara a infância em uma casa enlutada, onde o silêncio era hábito e o riso reprovado como ultraje à alma da defunta. Mais tarde, as trocas do pai com seus filhos limitaram-se a secos relatórios da gestão de sua fortuna, aliás das mais modestas, e às rituais exortações morais. Jacques tinha onze anos quando a mãe morrera e com ela fora-se a única doçura naquele universo masculino; ele sofreu muito com a aridez do amor paterno.

Quando o mandaram para a escola Saint-Joseph em Lille, era um rapaz encantador, de olhar direto, porte determinado, quase atrevido, hábil lançador de pedras e descobridor de ninhos de pássaros. Mas encontrou entre os jesuítas uma atmosfera tão desesperante quanto a de sua casa. Ele simplesmente apagou-se. Estudos e penitências marcavam seus dias; a solidão era altamente considerada e vigiavam-se as amizades nascentes para impedi-las antes que se desenvolvessem perigosamente. Seus mestres apreciaram em Jacques o aluno aplicado e obediente: ele tinha as melhores notas; no máximo, poderiam reprovar sua inclinação para a literatura. Eles tomaram por sujeição a disciplina que ele respeitava, por bom comportamento o caráter reservado do adolescente, por piedade seu gosto pela teologia, sem imaginar nem a exigência de absoluto daquela alma, nem a força de uma personalidade que lutava para sobreviver intacta à empresa de nivelamento.

Esta triste infância deu-lhe um caráter melancólico. Convencido de que jamais seria compreendido por aqueles que o cercavam, ele fechou-se e só encontrou alegria no sonho e na companhia dos livros. Sentia em si mesmo fortes aspirações a uma vida diversa daquela da virtuosa família, mas não podia concebê-la senão em outra parte, bem longe de Lille.

Decidiu ser marinheiro. Ele, que do mar só conhecia as praias ventosas de Flandres onde às vezes o levavam para brincar, pôs-se logo a sonhar com os oceanos infinitos e com grandes navios que soltam suas amarras. Embarcar: escapar sem parecer que fugia.

"Eu sou normando, filho de bucaneiros", proclama Prévaux tomando certas liberdades com a própria genealogia. Pulando várias gerações de normandos tranqüilos, ele descobriu um distante antepassado bretão que se dizia corsário na Martinica. Que Nicolas Fébvrier de Mésaillet tenha sido morto em 1732 em uma expedição à ilha de Santa Lúcia contra desertores revoltados não muda nada na história: ele continua passando por flibusteiro. E em sua revolta contra uma família excessivamente respeitável, ele acredita ter sangue crioulo — o que, afinal, não é de todo impossível. Para dar a si mesmo uma ascendência conforme a seus gostos, ele descobriu um ancestral flibusteiro; dotou-se de uma filiação digna de si e do destino que imaginava. Ele renasceu. Pode, enfim, se construir.

Durante as mornas noites do internato dos padres, Jacques embarcava para longe de Lille nas pegadas de seu antepassado corsário, vogava fascinado para o destino imaginado, inventava a fertilidade e a exuberância do Caribe e sobretudo o mar, os portos plenos de ruídos e odores estranhos, os navios que, porões abarrotados com o espólio, giram em um grande crepitar de velas e escapam sob a condução de um capitão avisado e corajoso... Quando, aos vinte anos, ele abordar pela primeira vez as Antilhas, reconhecerá as ilhas "que povoavam de imagem ridentes e fantásticas os nossos sonhos de crianças". Sem dúvida, ele já rabiscara silhuetas de barcos nas margens de seus cadernos; depois (tinham lhe ensinado a fazer bem-feito tudo o que fazia), aprendeu o nome de cada aparelho, de cada vela, da mais ínfima corda.

Ele estava pronto para embarcar, voltando as costas para sempre a uma província gasta, um meio asfixiante, um pai taciturno, uma existência regrada. Embarcar, mas não como marujo. Haja vista sua posição e suas excelentes notas, teria que ser a Escola Naval. A família mostrou-se desconcertada com esta bizarra vocação, mas, ao fim e ao cabo, ainda era preferível à literatura.

Depois de um ano de Escola Naval, Jacques fez enfim sua primeira experiência de navegação. Com a excitação de uma tropa de colegiais de partida para as férias, sua turma embarcou para dois meses de cruzeiro-escola a bordo do *Bougainville*. A aprendizagem da vida no mar é rude. A jovem aristocracia mostrou-se, de início, chocada com a falta de conforto: como a água é racionada, era preciso habituar-se a ter as mãos sujas e as roupas imundas; nos alojamentos, a promiscuidade das redes é tal que as ondas, ao balançá-las, faz que batam umas nas outras. Ele travou conhecimento, sem apreciá-los, com os grandes combates que dão ritmo à navegação; os turnos exaustivos no inferno das caldeiras, a luta no cabrestante contra duas correntes de âncora que acharam de bom alvitre confraternizar no meio da noite, as manobras incessantes que levam a abrir velas apenas para fechá-las uma hora depois.

Felizmente, os meses passados em Brest, as tradições da Escola Naval e a autoridade da hierarquia uniram a tripulação noviça. Como todos os rapazes que ainda não têm vinte anos, ele vivia com uma alegria infantil as manobras e a confusão; longe dos muros da Escola e, pela primeira vez longe da família, ele transformava em festa os poucos e simples prazeres: descobrir biscoitos para incrementar o chá, juntar-se aos que desembarcam em bando na baía de Morlaix, todos orgulhosos de assustar os pacíficos indígenas com suas roupas heteróclitas e seus costumes barulhentos, cantar à noite no castelo ao som de um velho acordeão, fumando cachimbo com o ar sério dos mais velhos. Nada igualava-se, no entanto, à experiência da primeira tempestade, nas Shetlands, o *Bougain* fugindo com as velas baixas.

No ano seguinte, Jacques saiu da Escola Naval e embarcou com os *midships* de sua turma no navio-escola *Duguay-Trouin* para o cruzeiro de aplicacão ao redor do globo. Aplicam-se então, laboriosamente, as técnicas estudadas em terra, aprendem-se os rudimentos de diplomacia, descobrem-se mundos, folga-se. Jacques tem vinte anos, e sente-se livre pela primeira vez. A disciplina, para a qual toda a sua educação o formou, não lhe é pesada. Em compensação, embriaga-se de novidades e de espaço, como se o grande vento do mar arejasse de repente sua alma fechada.

Todos os marinheiros que passaram pelo ritual do cruzeiro de aplicação guardam lembranças fabulosas. Curioso por tudo, Jacques abriu os olhos para o mundo e, com seus companheiros, maravilhou-se com a fineza das rendas de Malta, divertiu-se pechinchando charutos em Havana ou bengalas de ébano em Dakar, debochou levemente dos uniformes de *groom* das armadas mexicanas ou da propensão dos noruegueses a engolir uma quantidade colossal de *hors-d'oeuvres*, admirou o porte da cabeça das sevilhanas.

Deixou-se levar de bom humor pelo turbilhão dos *midships* despreocupados e pândegos, que correm das recepções no Iate Clube aos bailes dados em sua honra, onde dançam a noite inteira com as moças da mais fina sociedade; que, no tempo de uma escala, entabulam idílios em todas as línguas e, na hora da partida, riem e jogam fitas com as cores do *Duguay-Trouin* às beldades vindas para lançar beijos de adeus a seus cavaleiros de uma noite.

Por certo, ele estava sempre disposto a descer a terra, a juntar-se aos bandos desvairados que organizam saídas, mas começava a preferir as visitas de estudo às igrejas e museus, os concertos, a tranqüilidade da ponte onde podia ler e refletir. Passava muito tempo também na redação dos "relatórios", que a cada escala era preciso entregar ao comandante, de páginas cuidadosamente escritas à mão, decoradas com os ingênuos cartões-postais de outrora. No começo, mostrava-se muito orgulhoso de seus relatórios e das apreciações do comandante: "Bem escrito... estilo correto e agradável à leitura... frases bem torneadas." No entanto, quando um de seus relatórios disse: "Tivemos um pouco de chuva", ressentiu-se com um comentário desdenhoso escrito em vermelho na margem: "O senhor fala como um soldado de infantaria." Descobre em seguida que ter estilo não basta; ferido em seu orgulho, transforma em ponto de honra elaborar relatórios ao mesmo tempo precisos e literários, pois pretende se tornar oficial da Marinha. Tem certeza, agora, de que foi feito para isso. Acabava de descobrir, com alegria, que o tão sonhado mar mantém suas promessas e que navegar preenche todo o seu ser. Visto de Lille ou de Lambersart isso não parecia assim tão certo.

Nesses famosos relatórios, descreve como a partida de Brest em 10 de outubro de 1908 provoca "a emoção de um fanático e de um entusiasta que nada pede senão partir", a alegria e as surpresas de uma primeira verdadeira travessia, em um navio realmente navegando, a alegria do mar azul, do *Duguay* deslizando todo branco, do primeiro galão, da liberdade nascente depois da dura sujeição do *Borda*, o navio-escola ancorado em Brest. Quantas descobertas! Ele saboreia seu primeiro turno de noite, sua primeira tentativa de intimidade com as estrelas, sua primeira travessia do Atlântico — das Canárias a Guadalupe —, enfim ao largo, onde se sente tão à vontade: "Gostaria de poder dizer toda a impressão de perfeito repouso de espírito e de suprema tranqüilidade d'alma que senti durante aquelas doze jornadas sobre o mar uniformemente azul e calmo, onde a esteira de nosso grande navio branco se desenhava apenas. A imensidade aumenta-nos os horizontes e eleva-nos o ser; e nessa monotonia de todas as coisas, um nada, um nascer do sol com seu bando de nuvens de ouro, um raio de luar de reflexos azuis mirando-se certa noite na água fosforescente, uma estrela mais brilhante, um veleiro no horizonte, nada mais é necessário para fazer vagar a imaginação em devaneios sem limites..." Ele realmente não compreende aqueles que anseiam pelo porto e pensam no retorno; a separação não lhe pesa, e os dias de mar não são para ele dias de espera. Sim, navegar é mesmo a sua vocação.

Quando sai de Escola de Aplicação, com 21 anos, Prévaux é uma das esperanças da Marinha. Nele se adivinha o *midship* ideal: sério, distinto, família nobre. Com a têmpera de oficial, e das melhores. Alguns anos mais tarde, porém, tudo pareceria perdido.

2

Os anos de guerra

Prévaux recebeu em 1910 a sua primeira designação: o couraçado *Charlemagne*, fundeado em Toulon — que seria a partir daí a sua base. Ele é designado para a artilharia principal e adjunto à timoneria. Nada de apaixonante. No entanto, ele se aplica, trabalha com seriedade e obtém excelentes notas; é decididamente, e sempre o seria, um bom aluno, consciencioso, que transforma o êxito em ponto de honra. Ele passa para seu comandante, o capitão-de-mar-e-guerra Morier, a imagem de um jovem reflexivo e tímido, que ainda precisa tomar gosto pelo ofício.

Mas ele não imaginava como seria este ofício no cais; o trabalho enfadonho de esquadra lhe pesa: depois dos périplos do *Duguay-Trouin* e da embriaguez da navegação ao largo, a vida do porto lhe parece morna. Não vê nenhum atrativo nas escapadas em terra dos marinheiros desocupados. Continua sem ter nenhum amigo e sofre de solidão; para quê ler tantos livros se não se pode compartilhar as emoções que provocam?

Enfim, Jacques trava conhecimento com Jean Roulier.

Este jovem *midship* — tem três anos menos que ele — é poeta; grande e belo rapaz, ousado, um eterno sorriso nos lábios, ele tem tudo para dar certo. Seria um dos dez primeiros pilotos da Marinha, concebendo os planos de um hidroavião de combate capaz de atingir 130 km por hora, e durante a guerra faria parte das esquadrilhas de bombardeio. O personagem daquele sujeito audaz e desenvolto fascina Jacques; através dele vive a aventura dos pioneiros da Aeronáutica naval, e mais tarde acabaria por seguir o exemplo de seu calouro, entrando para a Aeronaval. Jean Roulier foi morto em 15 de agosto de 1916 durante um combate aéreo em Trieste. Um aparelho da caça austríaco atingiu seu hidroavião de combate novo em folha, quando ele bombardeava posições inimigas. Seu amigo Gabriele D'Annunzio, ele mesmo ferido nos olhos alguns dias mais tarde, faria, por ocasião de suas obséquias militares em Veneza, um discurso emocionante: "Ele morreu no esplendor do dia, caiu no mar como uma luz, como um meteoro diurno, marcou com seu nobre sangue o céu puro da Itália!"

Os dois homens descobrem em Toulon um mesmo amor pela poesia, o mesmo sentimento de não ser compreendido por seus próximos, a mesma vontade de romper com seu ambiente burguês, a mesma propensão a discutir infindavelmente sobre o sentido da vida e outros temas prudentemente deixados de lado pelos professores da Escola Naval. Oficialmente desiludidos, eles são também românticos, tanto um quanto o outro, Jean demonstrando, contudo, maior senso prático e mais gosto pelo luxo do que Jacques. A família de Roulier é abastada; ele alugou um apartamento na rua Victor-Clappier, que empresta aos amigos à condição de respeitarem certas regras imperativas. A chave fica mais ou menos à disposição, subentendendo-se que não se pode, de modo algum, levar mulheres: o proprietário é pudico. Naquele que eles mesmos chamam de "gabinete chinês", Jacques e ele passam noitadas maravilhosas a conversar, estendidos em um grande sofá, enquanto as bolinhas de ópio vão se enrugando na ponta de uma agulha e o pequeno forno lança uma luz fraca sobre as tapeçarias que Jean, colecionador de arte oriental, trouxe da China. Sua única preocupação é que a fumaça cheirosa dos cachimbos não incomode os vizinhos, sempre à espreita. Jean está apaixonado, ou melhor, vive uma paixão fatal por uma prostituta de luxo que mantém um fumadouro: Henriette, dita a "Libélula", tem sobre ele uma ascendência da qual se envergonha, mas não consegue se livrar. Ele acabaria por se refugiar em Paris para escapar dela e do ópio. Jacques, em compensação, só conseguiu escapar do uso de estupefacientes muito tempo depois.

O ópio era então uma prática corrente na Marinha, que tinha trazido do Extremo Oriente esta moda exótica, à qual um ritual misterioso e uma abundante literatura conferiam um caráter de espiritualidade ou, em qualquer caso, de refinamento. Os portos fumavam freneticamente, sobretudo Toulon, onde prosperavam mais de duzentos fumadouros antes que as autoridades militares, inquietas tanto com os riscos — quase nulos — para a condução dos barcos, quanto com a honra ameaçada por campanhas de imprensa, tomassem providências contra os opiômanos reconhecidos. Quantos oficiais de Marinha fumavam ou comiam ópio? O exemplo vinha do alto, daquele oficial que, sob o pseudônimo de Claude Farrère, publicou *Fumée d'opium*, uma obra que Prévaux, embarcado no *Descartes*, iria ler e reler. Esta hábil apologia da droga conferia ao ópio um álibi cultural, quiçá religioso: ele proporcionaria paz, compreensão. Como tantos outros jovens oficiais, Jacques fumou serenamente durante anos, antes de perceber que não era mais senhor de si mesmo.

Em janeiro de 1912, Prévaux navegava de novo. O cruzador de segunda classe *Descartes*, com uma tripulação de quatrocentos homens, dos quais dezesseis oficiais, fora designado para a estação de Terra Nova e para a costa leste da América. Era um velho navio — fora lançado dezoito anos antes —, nada luxuoso, uma ponte atulhada de canhões, 24 ao todo. Todo este armamento impedia que nela fossem organizados bailes, para grande tristeza dos oficiais.

Depois da tradicional volta pelas Antilhas, ele deveria zelar pelos interesses franceses em Terra Nova, isto é, proteger dez mil pescadores, socorrê-los em caso de calamidade, receber e tratar doentes ou feridos, eventualmente evacuá-los para os hospitais de Saint-Jean de Terra Nova ou de Sidney no Cap-Breton; deveria, enfim, patrulhar nas águas glaciais em busca de criadouros ilícitos de lagostas, por exemplo. Era então o melhor barco em campanha e, na falta da China, preferência de qualquer marinheiro, Jacques regozijou-se por reencontrar a vida saudável do alto-mar, a navegação, os dias quentes dos trópicos. No início, foi áspera a retomada de contato com o mar. O péssimo tempo esgotou os marujos e transformou os armazéns, os tombadilhos e os quartos em pântanos deletérios. Estava-se melhor de turno na passarela de comando, o rosto oferto às águas, "em meio ao concerto maravilhoso que formam as vozes rangentes, gritantes, queixosas do vento, da mastreação, dos aparelhos, de todo o casco que vibra e geme".

Prévaux era adido ao serviço de eletricidade-torpedos-segurança, responsável igualmente pelos arquivos concernentes às marinhas estrangeiras. Tem como comandante o capitão-de-mar-e-guerra Pugliese-Conti, uma caricatura de lobo do mar: silhueta larga e alta, barba proporcional, maneiras afáveis, um verdadeiro pai para a tripulação, que o admira e adora. Ele não esconde sua decepção: Prévaux com certeza é um excelente oficial de dia, demonstra "grandes facilidades de redação" que fariam dele um ótimo oficial de Estado-Maior, mas é um pouco mole. Em suma, "seu zelo é moderado" — maneira elegante de dizer que o jovem segundo-tenente, precedido todavia por uma reputação elogiosa, não consagra toda a sua energia ao bom andamento do serviço.

Sua energia, Jacques a emprega em ocupações mais importantes: ele lê e escreve. Tão logo dispõe de um pouco de tempo, no tombadilho ou em outro lugar, tira dos bolsos deformados de sua camisa um livro ou dois, e mergulha na leitura. Para ele a travessia de Lorient a Dakar se chama Gide — *Paludes* é por esta época o seu livro de cabeceira —, e Ruskin quando o *Descartes* singra ao largo das Canárias; depois da passagem da linha aparece Montaigne, de oito à meia-noite, sob as estrelas; Oscar Wilde ocupa a navegação do Rio a Belém; Péguy se revela de quatro às oito horas da manhã entre Havana e o Haiti, em seguida surge Shakespeare e mais adiante Barrès... As linhas invisíveis traçadas pelo *Descartes* sobre os oceanos transformam-se em itinerários de suas descobertas literárias.

Sua patente lhe permitia gozar de um quarto, que ele tratou logo de encher de livros e resmas de papel — quando o estoque acabasse, folhas arrancadas do livro de bordo fariam as vezes. Assim que termina o serviço, instala-se diante da máquina de escrever, cuja fita começa a preocupá-lo, e anota suas reflexões sobre as leituras, suas impressões diante das paisagens fabulosas que de alguma maneira ele consegue apreciar entre duas manobras. Mantém dois diários paralelos, um literário, no qual se exprime "o curioso, o esteta, o artista errante" que ele pretende ser; o outro, dito "especial", consagrado às mulheres e ao inconfessável — o ópio, suas dificuldades para encontrar sucedâneos, suas vagas intenções de se livrar; depois, entusiasmado pela leitura do *Journal* de Beyle, ele retoma e trabalha suas notas para delas extrair um terceiro diário, este destinado à publicação; ele é, enfim, um correspondente assíduo. Dorme muito pouco e sua saúde começa a sofrer com esse excesso de trabalho.

Nas escalas, é preciso descer a terra e fazer boa figura nas espeluncas e cabarés de marinheiros cuja freqüentação é de lei. Com os bailes no círculo francês, os chás, coquetéis e outras corvéias diplomáticas, isso faz parte da vida de marinheiro. Os oficiais de um navio de guerra são recebidos com um fausto extraordinário nas cidades subitamente embandeiradas de tricolor, no meio de uma população cujo entusiasmo os jornais descrevem em páginas inteiras. Os notáveis representantes da comunidade francesa — Câmara de Comércio, ligas da amizade etc. —, as autoridades eclesiásticas, o corpo consular, os eleitos locais, prefeito à frente, todos disputam a honra de convidar o Estado-Maior do *Descartes* para refeições suntuosas, regadas por cortesia com *champagne* da França. Certas escalas são reputadas pela qualidade da acolhida, ou pela safra dos vinhos servidos, a tal ponto que o comandante, embora habituado a rega-bofes, tem às vezes que fazer *forfait* e ficar na cama.

Os tenentes ocupam suas licenças de maneira menos diretamente diplomática. Prévaux saía com alguns amigos da mesma coberta, formando um grupo bizarro de marinheiros fortes e solidamente barbudos no meio dos quais aquele jovem de cara lisa, macilento, os olhos pisados pela falta de sono quase que desaparecia. A pequena tropa tinha como ponto de honra respeitar um amável código de conduta: mostrar-se jovial, galante, ter flores sempre à mão e estar pronto para sentar-se ao piano; em suma, representar dignamente a França e a Marinha. Um programa assim torna populares tão bravos marinheiros e lhes vale a confiança de seus chefes; podem assim esquivar-se discretamente das recepções oficiais, sob o olhar indulgente dos almirantes. Jacques não é a locomotiva do bando, mas seu aspecto malsão o faz interessante, ele interpreta Chopin à perfeição e seus olhos completam o trabalho de atrair as moças.

Por vezes, ele escapa dessas noitadas comportadas, embora devidamente regadas a álcool, e desaparece em algum fumadouro mantido por chineses. O ópio voltava a dominá-lo, ópio que experimentara em Toulon e que evoca para ele "a esteira fresca, a lâmpada clara e doce, os bons livros melhor lidos". O langor das Antilhas contribui para a sua inércia face ao domínio da droga; ele prefere acreditar-se preguiçoso e confessa que se reconhece nesta frase de Joseph Conrad: "Ele amava, como todos os marinheiros, quando não estava de serviço, saborear a fundo o charme de uma irresponsabilidade absoluta... Sentia então aptidões ilimitadas para não fazer nada." Compreende-se por que seu comandante julgava seu zelo "moderado".

Mas o trabalho logo impunha seu ritmo; em Saint-Pierre-et-Miquelon é preciso coordenar as inspeções dos bancos, organizar as turnês das escunas. O frio e as navegações fantasmagóricas na bruma entre os icebergs despertam-no: finalmente, ele sente em si mesmo "um forte e saudável espírito profissional". As exigências do trabalho, contudo, não o afastam nem do ópio nem da redação de seu triplo diário. Durante os dezoito meses de duração da campanha, ele tentaria conciliar aspirações demasiado diferentes e fazer tudo ao mesmo tempo: assegurar a bordo um serviço penoso, mantendo ao mesmo tempo uma vida intelectual intensa, sem com isso afastar-se das escapadas de seus camaradas ou deixar de se apaixonar loucamente a cada flerte, a cada porto... Não havia como não ficar esgotado, física e psiquicamente.

Quando o *Descartes* volta para seu porto de origem, Jacques é hospitalizado. Recebe tratamento para uma "anemia tropical" e segue depois para Toulon para três meses de convalescença. Mas ele nunca ficaria completamente curado e arrastaria por toda a vida uma saúde delicada e uma tendência à anemia.

Prévaux junta-se em 1914 à Primeira Armada, divisão de flotilhas. Serve primeiramente na qualidade de segundo oficial no torpedeiro de esquadra *Fanfare*, onde mostra toda a sua capacidade e destaca-se com brilho. Outra vez doente, é obrigado a desembarcar e voltar para o hospital.

Sua nova designação, no final do mês de agosto de 1914 — a guerra acabava de ser declarada — o leva a outro torpedeiro de esquadra, o *Chasseur*, onde desta vez é oficial de manobras e oficial de artilharia. Seus dois anos de serviço no *Chasseur* serão um suplício. A guerra, para começar, o afeta profundamente. Ele não estava, claro, no front, pois a missão de sua esquadra era escoltar, em águas gregas, entre Milos e Argostoli, comboios sérvios. Mas ele sofre com a inatividade e tenta se aproximar da zona de combate. A partir de 1915, encarrega Jean Roulier, cujas proezas aéreas o impressionam, de sondar o Estado-Maior sobre a possibilidade de integrar a Aeronaval. É impossível: em tempos de guerra os oficiais não podem deixar assim tão facilmente as suas unidades. No ano seguinte, ele faz um pedido oficial, que será aceito um ano antes do fim da guerra.

Mas sua saúde continua a se degradar; não está curado nem da anemia nem do ópio. Sua magreza torna-se assustadora. Não consegue mais dormir e cambaleia de cansaço durante o serviço. Tem até mesmo ausências. Seu comandante, o capitão-de-mar-e-guerra Kerboul, acaba por se inquietar e busca a causa deste esgotamento persistente. Começam os rumores e, pior, as menções em folha de que Prévaux poderia estar se drogando.

Mas Jacques consegue reagir. Ele tem vergonha de si mesmo, acredita ler desprezo nos olhos de seus superiores. Constata com tristeza que já quase não lê e escreve ainda menos; e é, por fim, tocado em seus brios pelas admoestações de dois amigos que considera como irmãos. Jean Roulier, que conhece bem o hábito, percebe que o mau aspecto e a irritabilidade de Jacques derivam de sua falta de medida no uso do ópio; ele o repreende e suplica para que "renuncie radicalmente ao horrível veneno". Roland de Margerie, seu primo-irmão, transforma-se num eco da família aterrorizada: "Vêem-te com uma aparência tão ruim que não poderiam deixar de atribuí-la à droga."

Roland, que tem dez anos menos que Jacques, mantém com o primo uma correspondência literária e sentimental. Aquele jovem tão brilhante, destinado por seus dons e pela família a uma grande carreira diplomática, ficara fascinado pelo mais velho; ele encarnava a seus olhos uma vida intensa que ele só conhecia dos livros. Aos quinze anos, escrevia: "Aquela espécie de confusão mental em que caí depois de ter te visto pela primeira vez testemunha o interesse que sinto por ti." Roland desempenharia junto a Jacques o mesmo papel que Roulier, o do caçula talentoso e admirador, do irmão afetuoso com o qual a cumplicidade intelectual anula a diferença de idade. Suas cartas são verdadeiras crônicas literárias. Roland devora bibliotecas inteiras, ao ritmo de duas obras por dia, e confessa — ele tem dezessete anos — que está "tão impregnado de literatura" que não pode mais "sentir seja lá o que for", que se sente "um pouco velho por ter pensado todos os sentimentos sem tê-los nunca experimentado".

Em maio de 1916, no entanto, Jacques reencontra a plenitude de sua forma, a tal ponto que o novo comandante do *Chasseur* não entende as más informações transmitidas por seu predecessor. Quando Prévaux é transferido para a canhoneira *Diligence*, designada para a patrulha do Mediterrâneo oriental, as avaliações retornam ao tom elogioso de outrora.

Ele é segundo oficial, e serve com alegria naquele barco estalando de novo, com uma tripulação enérgica e unida de 54 homens. Seu comandante observa que "todas as suas faculdades estão voltadas para o bem do serviço", que tem "toda a confiança em seu sangue-frio e em seu discernimento" e que "ele está apto para o comando".

Um ano mais tarde, Jacques descobre com alegria que seu pedido de transferência para a Aeronáutica Naval foi finalmente aceito. Tudo caminha muito rápido: três meses de estágio no centro de formação de pilotos de dirigíveis em Saint-Cyr, seu brevê, seus progressos, sua nomeação para comandante da base de Rinxent: ele retoma enfim os trilhos da carreira prodigiosa que seus chefes lhe anunciavam desde a saída da Escola Naval.

3

Piloto de dirigível

A bruma é densa naquela manhã de outubro de 1917 e os contornos da estrada Boulogne-Calais apenas se distinguem. Poças de água suja assinalavam aqui e ali os buracos da calçada destruída pelos bombardeios, cujos ecos abafados se percebem de tanto em tanto. A uma quinzena de quilômetros de Boulogne, a estrada forma um ângulo para cruzar o Slack, um riacho lamacento que deságua na praia de Ambleteuse, ao sul das falésias do Cabo Gris-Nez. A base de Marquise-Rinxent fica logo à direita, no final de um caminho eriçado de arame farpado: desde o entroncamento vêem-se os hangares e a usina de hidrogênio típicos de um campo de aviação.

Uma grande caminhonete roda nessa direção. O novo comandante da base está sentado em uniforme de gala no fundo do carro. Ele acabou de assumir seu posto e repassa mentalmente os nomes de seus predecessores, quatro já, desde a criação da base no ano anterior... Qual seria o problema que aflige Rinxent para consumir assim tantos comandantes? Apoiado com falsa indolência nas almofadas, as pernas cruzadas como sempre — mesmo nas fotos oficiais —, Jacques de Prévaux fuma um cigarro depois do outro afetando o ar indiferente que a profissão exige. Aos 29 anos ele dominou uma timidez quase doentia, ou antes, transformou-a em uma reserva que suscita mais respeito do que demonstrações de franco companheirismo e acentua a impressão de nobreza que exala dele. Sem ter charme — um termo leviano demais para um homem tão severo — ele seduz estranhamente: uma fronte ampla, maxilares voluntariosos que corrigem a sensualidade da boca, sempre o olhar intenso e profundo, e mãos muito bonitas; é fácil imaginá-lo irresistível, embora quase não sorria.

O carro cruza a barreira na entrada da base. Prévaux o saúda, impassível, sem deixar transparecer a emoção que o toma naquele momento simbólico de sua vida de marinheiro: este primeiro comando lhe foi, enfim, confiado, sete anos depois de sua saída da Escola Naval. Ao orgulho vem por um instante misturar-se a angústia: será capaz de comandar os mais velhos, ele cuja nomeação é tão recente e cuja experiência na aviação naval é tão fresca? Apenas afloradas, suas dúvidas desaparecem. Nada poderia empanar sua alegria de comandar e seu alívio por ver passados os anos sombrios: as provações, a lassidão, aqueles acessos de melancolia que faziam-no duvidar de si mesmo e de sua carreira na Marinha são agora coisas do passado. Ele revive, ele está salvo. Em dois meses tudo mudou, e tão rápido que ele ainda se deleita procurando, de maneira pueril, as provas da mudança: seu terceiro galão de capitão-tenente, as insígnias novinhas em folha de piloto de dirigível — uma âncora e duas asas —, a carta assinada pelo ministro da Marinha que, nomeando-o comandante do centro de Marquise-Rinxent, "convoca todo o pessoal do serviço a reconhecê-lo em sua qualidade de comandante e a obedecer-lhe em tudo que ordenar para o bem do serviço e o sucesso das armas na França". Uma fórmula que ele conhece de cor e que, com certeza, ainda lerá muitas vezes, e para designações mais prestigiosas. É um homem novo e seguro de suas capacidades que chega para tomar posse do centro de Rinxent. Comandar, ele pressente que foi feito para isso.

Os marinheiros estão alinhados na pequena praça de armas diante do edifício principal da base. A bruma acabara de se levantar e o sol fresco do outono fazia brilhar as estruturas metálicas, os mastros, os cabos, as linhas de TSF, as insígnias sobre os uniformes. O clarim anuncia a chegada do comandante, os homens imobilizam-se em posição de sentido, Jacques se endireita e se estica para ficar maior — um reflexo que data de seu tempo na Escola Naval, quando ficava desolado com sua altura medíocre e enfrentava com desespero a provação cotidiana do alinhamento. Nessas ocasiões, voltava-se contra os Trolley de Prévaux (seu pai fazia questão de empregar o patronímico completo, ele mesmo se contentava com um simples Jacques de Prévaux) por lhe terem transmitido uma estatura tão reduzida, à qual faltavam, pensava ele, os atributos necessários para o exercício da autoridade. Mais tarde ele compensou tal defeito com uma certa rigidez.

Com alguns discursos, uma *Marselhesa* meio áspera e a revista das tripulações, Prévaux assumira suas funções de comandante. Teria sob suas ordens uma centena de marujos e de oficiais marinheiros, assim como os comandantes de dirigível. Encaminhando-se para a sala de jantar dos oficiais, onde um rápido aperitivo comemorativo o esperava, Prévaux cogitava mais uma vez que sua autoridade sobre os pilotos seria difícil de impor. A experiência deles era superior à sua — ele recebeu o brevê há apenas três semanas e sua promoção há dois meses. A bem dizer, ele pulou as etapas normais de uma carreira militar — primeiro deveria ser segundo oficial e só depois comandante de um dirigível. Se foi nomeado diretamente chefe de um centro de aerostação, foi graças a sua antigüidade na Marinha e também porque a Aeronáutica Naval estava em pleno desenvolvimento e tinha urgência de quadros.

O "Serviço da Aviação Marítima" fora criado cinco anos antes — à frente de dois aviões. É verdade que a aviação militar francesa data apenas de 1909. Seus começos foram difíceis; os marinheiros não estavam convencidos da utilidade dos aviões e os meios militares duvidavam da solidez das frágeis máquinas: "A guerra não se faz com brinquedinhos dos quais as forças naturais se riem", lê-se em 1910 em uma revista especializada, que faz cair no ridículo esta nova "mania" que é o aeroplano, e suplica ao ministro "que faça cessar esta abominável brincadeira". As pirraças do Estado-Maior quase conseguiram, aliás, enterrar o projeto: dos dois aviões, o primeiro, um hidroavião, estava baseado à beira de um tanque quase sempre seco, enquanto o outro, um biplano, não podia decolar de seu terreno freqüentemente inundado. Quando a guerra explodiu, a aviação marítima francesa alinhava bravamente 25 aparelhos e catorze pilotos brevetados, enquanto a Grã-Bretanha tinha-se dotado na mesma época de cerca de cem aeroplanos e uma dezena de dirigíveis; a Alemanha, por seu lado, tinha apostado tudo nos gigantescos dirigíveis bombardeiros, os famosos zepelins.

Os primeiros meses de hostilidade venceram o ceticismo. Por um lado, os danos causados pelos bombardeios aéreos alemães trouxeram a prova da eficácia dos caçadores e dos hidroaviões-destróieres. A necessidade de detectar e combater os submarinos inimigos levou, por outro lado, a reforçar as patrulhas aéreas de vigilância, que dependiam das forças navais de combate. O dirigível era a arma ideal — os navios ainda não dispunham de armamento antiaéreo. Silencioso, ou quase, invisível à noite, regulando com facilidade a própria altura, podendo estacionar bem em cima do alvo, o dirigível tem um ponto de vista único das profundidades e nenhum submarino é capaz de escapar da vigilância de sua tripulação. Suas armas lhe permitem bombardear. Pode igualmente guiar os tiros dos navios — muitas vezes a viva voz, pois ele tem condições de permanecer imóvel a alguns metros da superfície da água. Complementar ao avião, com o qual concorre com uma autonomia de várias horas (o maior dirigível bateu, em 1919, o recorde de quatro dias sem tocar a terra) e uma velocidade de setenta quilômetros por hora (os aviões da época não ultrapassavam os cem quilômetros por hora, no máximo), seu ponto fraco era o mau tempo. Os ventos e a tempestade foram os responsáveis pelas únicas perdas de dirigíveis da Marinha durante o conflito.

Nesse período de guerra, créditos foram desbloqueados sem barganhas e a Aeronáutica marítima se desenvolveu rapidamente. No final de 1917, dispunha de setecentos aviões, 460 pilotos em atividade, nível nunca mais atingido, e de uma vintena de dirigíveis armados.

Eram quase todos protótipos, desenvolvidos por pilotos engenheiros meio loucos que, em hangares abertos ao vento, inventavam inacreditáveis sistemas de válvulas e dobradiças que dariam ao engenho mais estabilidade ou uma melhor manobrabilidade; eles fabricavam com as próprias mãos um protóptipo incerto e arrancavam do comandante do centro a permissão para ganhar os ares. O primeiro vôo de um aparelho era sempre uma aventura.

No dia seguinte à chegada, Prévaux assistiu à partida de uma patrulha para a zona sudoeste de Pas-de-Calais, com um dos quatro dirigíveis baseados em Marquise-Rinxent, "vedetas" de 48 metros de comprimento. Elas têm dois motores (de 80 CV), mas que servem apenas para a propulsão, pois um dirigível toma altura largando do leste e desce soltando gás. No grande hangar de madeira, o dirigível cochila, meio desinflado; ainda um pouco de hidrogênio e o envelope de tecido emborrachado vai estremecer, esticar-se em um farfalhar de papel que se desamassa; na medida em que o volume de 2.800 metros cúbicos vai sendo preenchido, a VZ (V de *Vedette*, Z de *Zodiac*, o construtor) reencontra a forma fuselada, de charuto, que em uma aerostação distingue os dirigíveis dos balões. Em posição de sentido em cada bordo, a equipe de manobra espera suas ordens. Os homens tiram a vedeta do hangar e de seu estacionamento, rebocam-na pelo chão e imobilizam-na de costas para o vento enquanto a tripulação — o piloto, um radioperador e um mecânico — embarca na leve barquinha pendente da quilha. Teste de motor e pesagem: tudo certo. A vedeta pode ganhar os ares. No leme, um tenente grita finalmente o "Soltem tudo!", a ordem de esvaziar os sacos d'água que constituem seu lastro, e, enquanto os homens copiosamente molhados sacodem-se resmungando, o dirigível se eleva suavemente na vertical contra o céu claro.

A vedeta tem a missão de indicar as minas e os submarinos inimigos. É a rotina de todas as VZ da aerostação de Marquise-Rinxent: patrulhar, durante várias horas, a cabeça para fora da barquinha, os olhos arregalados, fixos no mar em busca da silhueta afuselada de um submarino submerso. Na maior parte do tempo não se distingue mais que uma vaga sombra movediça através das profundidades opacas ou uma trilha suspeita. As minas à deriva na entrada dos portos são mais fáceis de discernir, mas a descoberta é menos excitante para a tripulação, que tem que se contentar em assinalar sua posição para os barcos de superfície encarregados de explodi-las. Naquele dia a visibilidade era excelente. A tripulação da vedete redobra a atenção — é preciso dar mostras de eficiência ao novo comandante — e a VZ acaba por descobrir um submarino. Agitação de combate a bordo: são lançadas duas bombas de cinqüenta quilos que estavam alojadas sob a barquinha. Os três homens procuram nos remoinhos turvos a trilha de gasóleo que indica que o alvo foi atingido, que o inimigo sofreu pelo menos uma avaria. Sim, ele foi atingido; joga-se uma pequena bóia para marcar o local exato e antes de voltar para a base pede-se reforço a um hidroavião de combate inglês que patrulhava nas paragens. Bom, o comandante ficará orgulhoso de nós.

Os marinheiros adotaram o dirigível logo de início. Experimentaram uma curiosa afinidade com os aerostatos, sem dúvida porque, mais que os aviões, balões e dirigíveis planam à flor das águas e a tripulação manobra ao ar livre — e tanto a água como o ar são os elementos do navegador. Ademais, um dirigível não decola, ele "ganha os ares, como um barco o mar", e todos os termos técnicos que o descrevem são emprestados do domínio naval. O comandante de Brossard, último comandante de dirigível da Marinha, explica esta atração: "A bem dizer, eu estava contente em meu torpedeiro [...]. Sim, eu gostava daquilo. Contudo, sentia necessidade de algo mais. Tinha, de repente, vontade de ver o mar em seu conjunto, de um ponto de vista mais elevado que a crista das ondas: o mar e seus barcos, suas trilhas e os balés das esquadras traçados sobre suas águas, como uma planta. Assim eu teria a impressão de tê-los todos para mim [...]. Eu sabia que entre as nuvens marinhas ia ser disputada uma partida essencial. Uma verdadeira batalha de marinheiro. E não queria perdê-la."

Alguns meses foram suficientes para que Prévaux se sentisse à vontade em Marquise-Rinxent. Trabalho não faltava. Todos os dias ele tinha que organizar a rotação das patrulhas, a inspeção minuciosa dos dirigíveis, a revista das tripulações e redigir para cada coisa um relatório. Em tempos de paz, isso não seria nada; sob os bombardeios inimigos, qualquer saída torna-se perigosa e as missões se encadeiam sem cessar. Ele se habitua. Quando navegava no *Chasseur*, há três anos, ao largo da Grécia, perguntava-se com inquietude como suportaria a prova de fogo. Agora está tranqüilo: não treme; recebeu, aliás, a Cruz de Guerra e a Legião de Honra. É perturbado apenas por pequenos contratempos que o obrigam a desmarcar compromissos. O jovem arrebatado deu lugar a um oficial seguro de si. O centro funciona bem e comandá-lo lhe proporciona grandes satisfações. Ele rompeu com o ópio e recomeça a fazer anotações sobre aquilo que lê; organizou-se uma vida social tranqüila, à base de jantares com os tenentes e suas esposas, de idas ao teatro de Boulogne, de chás com algumas mulheres do mundo e de galantes noitadas em casa de Lucette ou Andrée. Um vida bem preenchida, bem regrada.

Falta-lhe entretanto, o ponto culminante de seu sucesso: um grande amor.

4

Manter sua posição

Blandine Ollivier seria a grande eleita. Jacques encontrou-a em Paris, em junho de 1919. Logo eles se escrevem, vão juntos ao Bois, ao concerto; e como não se freqüenta uma jovem da boa sociedade sem a permissão de seus pais, Jacques foi apresentado aos Ollivier. Teve que se submeter a um exame acurado, mas não houve dificuldade para agradá-los: ele os seduz como seduz a todo mundo. E é autorizado a fazer a sua corte.

Dessa vez é sério, ele está apaixonado. Tem que falar o mais rápido possível com seu pai. No carro que o leva a Lille, ele pensa como descrever Blandine sob uma luz favorável, pois teme que o pai desaprove sua escolha. Não que o casamento seja desigual. Os Ollivier têm uma situação mundana considerável e são da alta burguesia. O avô de Blandine é nada menos que o deputado Émile Ollivier, ministro de Napoleão III, o mesmo que se vangloriava de ter feito votar a guerra de 1870 "com o coração leve". Ele casara-se com outra Blandine, uma das duas filhas de Liszt e da condessa de Agoult, sendo a outra Cosima Wagner. A futura noiva de Jacques tinha, portanto, sérias referências musicais e mundanas; o que, aos olhos do austero Alfred Trolley de Prévaux, era antes uma desvantagem. Mas o ar radiante e determinado de seu filho caçula cortou rente as suas críticas e Jacques parte de Lille garantido.

Ele decidira que era chegada a hora de casar-se alguns meses antes. Agora que estava bem instalado em sua carreira militar, não lhe faltava senão uma esposa para sentir-se perfeitamente confortável em sua posição. Ele já começava a se cansar dos flertes com as moças entrevistas no teatro, assim como das ligações fáceis que mantinha com as duas jovens mulheres de Boulogne que levava, uma de cada vez, para dançar no cassino.

Graças ao céu, o ramo maternal da família Trolley de Prévaux tinha múltiplas relações com o mundo. Pediu então a diversas tias bem colocadas que lhe encontrassem uma jovem conveniente. Rinxent não fica longe de Paris e ele passava todas as suas folgas na capital. Apenas depositada a mala no Círculo Militar, ele se precipitava ao barbeiro, ao alfaiate, à luvaria: era preciso colocar todos os trunfos a seu lado. Tornara-se frívolo, mas com método. Tia Antonine organizou um chá; tia Prisse conseguiu-lhe um convite para um elegante *vernissage*; tia Auffray planejou para ele um almoço certamente decisivo. Em vão. Os partidos possíveis não faltavam, mas ele sempre encontrava algum defeito ou simplesmente não via absolutamente nada nelas. De volta à base, falava de sua decepção diante da estupidez das mulheres do mundo: belas e elegantes, é certo, "mas pode-se estar a olhá-las sem nada dizer?". Pensando bem, ele preferia a ternura que em Boulogne lhe davam de tão bom grado Lucette e a pequena Andrée. Ele exigia demais, sem dúvida: beleza e inteligência, e ainda por cima o amor, pois aos 31 anos era ainda um romântico incurável.

Roland zombava do primo, deplorando que aspirasse a um futuro de pantufas bordadas por uma esposa virtuosa. Lamentava sinceramente que ele consagrasse suas folgas a entrevistar inumeráveis paspalhas ingênuas.

Foi, no entanto, o cínico Roland que apresentou Jacques a Blandine. Ela era a grande amiga de Jenny Fabre-Luce, que vivia com Roland uns amores arrebatados e desaprovados — eles acabariam se casando um pouco mais tarde. O que em Blandine poderia seduzir Jacques? Ele descobre olhos e cabelos admiráveis, e "um rosto fora do comum que tem aquele caráter raro que é preferível à beleza banal" (*dixit* Roland). Ela tem muita personalidade; é cultivada e, por certo, uma notável musicista. Blandine apaixonou-se à primeira vista por aquele oficial de Marinha que, com olhos assim tão bonitos, passeava um ar tão grave; ela deu os primeiros passos e jogou-se em seus braços. Tudo o que Jacques queria era apaixonar-se, e Blandine nada tinha daquelas paspalhas de quem zombava Roland. De repente, ele não experimentava mais que piedade por Lucette e pela pequena Andrée, e acrescentou a suas leituras, entre Spinoza e um relato da batalha de Jutland, as obras de Marie d'Agoult e a correspondência Liszt-Wagner.

Os Ollivier tinham em Sainte-Maxime uma vasta propriedade. Jacques foi convidado a visitá-la três meses depois de ter travado conhecimento com sua filha. Era uma visita crucial. E ele preparou-se tremendo: teria uma conversa de homem para homem com Daniel Ollivier, deveria trocar confidências com a mãe de Blandine e, se tudo corresse bem, poderia desfrutar de alguns momentos de intimidade com a jovem, no parque que ele imagina bastante frondoso. Na terceira noite ele pede oficialmente a mão da jovem a seus pais. Catherine Ollivier foi conquistada pelo encanto de Jacques e seu consentimento estava garantido desde o início; os dois tiveram longas conversas sobre religião, e a mãe se felicitava por ver sua frívola filha entrar para uma família praticante. O acordo do pai já era mais difícil de obter: Prévaux teve que confessar seus magros recursos. Mas os elogios da esposa e a evidente felicidade da filha acabaram por convencê-lo. O casamento iria se dar com grande pompa na paróquia de Saint-Augustin, em abril de 1920. Jacques estava radiante.

Entretanto, ele se entediava. Uma vez acabada a guerra, o interesse em comandar Marquise-Rinxent diminuíra consideravelmente. A própria existência da base estava em questão: ela passaria a fazer parte dos centros de Aeronáutica Naval que seriam desarmados. Os orçamentos militares estavam sendo reduzidos desde 1918, procedia-se a um balanço e a uma avaliação das necessidades futuras, cujo resultado seria o remanejamento dos recursos para alguns centros apenas. A decisão de fechar Rinxent foi tomada durante o verão de 1919. Prévaux preocupa-se, então, com sua própria nomeação. Ele conta com uma promoção à qual suas notas e sua indicação para a Ordem da Brigada lhe dão direito, mas, como todos sabem, quem fica esperando sem nada fazer corre o risco de ser esquecido: é preciso ajudar a decisão. Jacques faz a ponte entre Boulogne e Paris, cerca os amigos que tem no Ministério e inunda Roland de cartas insistentes: o pai dele, Pierre de Margerie, acabara de ser nomeado embaixador na Bélgica e o posto de adido naval em Bruxelas seria tentador. Mas ele não o terá: como o Tratado de Versalhes veta justamente a nomeação de adidos militares de uma Alemanha desarmada, os Aliados também não poderão fazê-lo em nome da reciprocidade. Seria preciso esperar até 1926 para que os postos fossem reabertos — donde uma certa disputa por sua atribuição.

No outono, finalmente, Prévaux é informado que deve deixar Marquise-Rinxent, mas para assumir o comando de um outro centro de dirigíveis, o de Montebourg, em Cotentin. A base, situada de fato na cidadezinha de Écausseville, era um dos quatro portos para dirigíveis, os pequenos *Sea Scouts* ingleses, cujo volume não ultrapassava os 1.800 metros cúbicos. Não era certamente uma promoção, ainda mais porque Montebourg também seria fechada. Jacques se instala em novembro para três meses de uma vida monástica ocupada em tarefas tediosas: desarmar os dirigíveis, dobrar as capas e desmontar as barquinhas, expedir o conjunto para Rochefort, sem contar os inevitáveis relatórios. Ele continua suas manobras para obter outra nomeação — pois é impensável trazer Blandine para aquele canto perdido de Montebourg — e alguém que aceite substituí-lo. Em Paris, por seu lado, os Ollivier usam todo o seu prestígio para que o futuro genro seja nomeado para um posto digno dele.

Um de seus amigos o sonda para uma eventual nomeação para o gabinete do ministro da Marinha. Ele fica lisonjeado, mas hesita: claro, Blandine e seus pais ficariam muito felizes se o jovem casal viesse se instalar em Paris, mas abandonar a esperança de um outro comando? Talvez até mesmo no mar? Ou de um posto diplomático? Que decisão tomar entre o que é razoável e aquilo que ele realmente gostaria, no fundo de si mesmo? Interrogações inúteis: ele sabe muito bem que o lugar que lhe oferecem é daqueles que não se pode recusar. Em fevereiro, Prévaux é nomeado oficial de Estado-Maior particular do ministro da Marinha, Adolphe Landry, e depois Gabriel Guist'hau.

Seus novos colegas o recebem friamente: sua nomeação é muito visivelmente devida à benevolência do ministro; tem-se como certo que ele não tem as competências necessárias. Jacques aceita o desafio e esforça-se para adquiri-las. Seu gosto pelo trabalho metódico lhe é muito útil e à força de estudar os relatórios sobre as estratégias militares, familiariza-se com as questões diplomáticas. Seus superiores não param de elogiar o capitão-tenente que parecia feito para os postos de Estado-Maior ou de representação no exterior; o chefe de gabinete do ministro o apresenta como "um oficial de primeira ordem, daqueles que é difícil encontrar", e que a Marinha teria todo o interesse em fazer progredir rapidamente.

Prévaux fica dois anos no gabinete do ministro. Em janeiro de 1922, é nomeado comandante de esquadrilha de dragagem da flotilha do 5º distrito (Toulon) onde comanda pessoalmente a canhoneira *Diligente*. Sua saúde, no entanto, não é muito boa, obrigando-o a dois meses de licença de convalescença por astenia e fraqueza geral. Enfim, em 1º de junho de 1924, ele é nomeado comandante do Centro de Aeronáutica Naval de Cuers-Pierrefeu, no Var. Entrementes, é promovido a capitão-de-corveta.

Mais uma vez, Prévaux transpõe com grande pompa a entrada de uma base aeronaval. Todavia, pensa ele saudando os marinhos alinhados sob um sol já escaldante, quanto tempo se passou desde aquele dia de 1917 em que chegou a Marquise-Rinxent trêmulo de emoção e de angústia. Ele não renega o momento de exaltação; foi uma etapa natural na formação de um oficial. Lembra divertido o afluxo de sentimentos que o agitavam e sobretudo aquela impressão bizarra de estar ressuscitando que o tomara. De quê? O que lhe tinha acontecido de tão grave? Todas as vezes em que Jacques tenta evocar os anos que precederam o seu primeiro comando, ele se choca com uma névoa confusa, como se tivesse decidido esquecê-los. Em compensação, lembra-se perfeitamente de ter feito, em Rinxent, uma cruz sobre sua juventude. Revê-se ainda, sentado diante da escrivaninha coberta de livros e dossiês — ele ainda não estava formado — escrevendo em seu diário. Era noite ou talvez a tardinha já estivesse avançada, ouvia-se o assovio do vento nos ovéns; ele tinha acabado de abrir um novo maço de cigarros.

"A educação que me deram", escrevia, "teve como objetivo banalizar-me, fazer-me viver em meio a um cenário artificial... Aqueles como eu, que um dia descobrem que existe outra coisa, e que não se pode viver de fórmulas, dogmas ou livros, perdem dez anos para arrancar-se esta máscara de banalidade, para redescobrir-se e harmonizar-se com a vida verdadeira... É tarde demais, então, para dar-se a própria medida." Jacques conseguiu se reerguer com orgulho. Não, não era tarde demais.

Em Cuers, Jacques descobre uma outra dimensão dos dirigíveis: os "grandes rígidos", dirigíveis gigantes cujo envelope não é diretamente inflável como nas vedetas "leves" que ele pilotara em Rinxent, mas carrega, dentro de uma armadura metálica, pequeno balões que serão inflados com hidrogênio ou hélio. A base de Cuers, inaugurada em 1919, foi concebida para abrigar os dirigíveis rígidos que o Estado-Maior, fascinado pelo sucesso dos zepelins alemães durante a guerra, tinha a intenção de construir. Para tais monstros voadores, era preciso um porto sob medida, sobretudo hangares com 250 m de comprimento e 45 de altura, usinas de hidrogênio — Cuers dispunha de duas — e um gasômetro de 10.000 m^3. O conjunto destas instalações — e daquelas que iriam abrigar as vedetas e os escoltadores de dimensões mais modestas — faziam do centro de Cuers uma base única na França por suas dimensões. O local, espremido entre relevos abruptos e o mar, varrido pelo mistral, fora, contudo, mal escolhido, obrigando os pilotos a manobras delicadas.

O primeiro dirigível rígido chegara em 1920, aliás cedo demais: os hangares ainda não estavam prontos. Tiveram que desinflá-lo. O mastodonte, com 26 metros de comprimento, era um dos dois zepelins entregues pela Alemanha à França a título de indenização de guerra. Ele foi rebatizado como *Dixmude*, nome da cidade da Bélgica heroicamente defendida pelos fuzileiros-navais franceses. Seu comandante, o capitão-tenente Jean du Plessis de Grenedan, fora recebê-lo em Maubeuge e, com uma tripulação de 39 homens, conseguira trazê-lo até Cuers. Já era uma façanha, pois os alemães tinham-no entregue em condições lamentáveis e tinham "esquecido" de anexar a documentação técnica.

Quando deram início à operação de reinflá-los, estando o hangar finalmente construído, deram-se conta de que os balões tinham envelhecido, ficando porosos; foram novamente desinflados e Plessis precisou de vários anos para conseguir do Estado-Maior da Marinha o sinal verde e os créditos para fabricar outros. Em suma, foi somente em agosto de 1923 que os 68.500 m^3 cúbicos do *Dixmude* foram inflados de verdade e que ele pôde ganhar os ares. As seis saídas efetuadas pelo charuto gigante foram de grande sucesso: ele chegou a bater o recorde mundial de vôo sem escalas (118 horas e 9.000 quilômetros). A sétima saída terminou tragicamente: preso em meio a uma tempestade, o *Dixmude* foi atingido por um raio sobre a Sicília, no dia 21 de dezembro de 1923, e soçobrou com corpos e bens. Prévaux chegou a Cuers seis meses depois disso.

Ele iria pilotar o segundo zepelim, o antigo *Nordstern*, rebatizado como *Méditerranée*. Desembarcando depois de uma viagem de doze horas, ele tinha a impressão de descer de uma nuvem. Apesar das dimensões mais modestas — 130 metros de comprimento apenas —, o novo zepelim tem uma incrível estabilidade. Ele desliza sem ruído, sem esforço, como se estivesse em seu elemento e os atritos com as camadas de ar tivessem sido suprimidos. No tepor da cabine apenas iluminada por algumas lâmpadas, o conforto é tal que é possível escrever. No entanto, a catástrofe do *Dixmude* quase que segura o *Mediterranée* no chão. Quando Prévaux assumiu o comando do centro de Cuers, o comandante do zepelim brigou para obter do Estado-Maior a autorização para tentar pelo menos uma saída. Ele insistiu em seus esforços, o *Mediterranée* conseguiu um *sursis* e pôde voltar à ativa. A aposentadoria do *Mediterranée*, em setembro de 1926, foi o fim dos dirigíveis rígidos, prelúdio do declínio dos aerostatos.

Cuers não se limitava a abrigar os dois zepelins. A Comissão de Estudos Práticos de Dirigíveis ali baseada fazia todo tipo de experimentos. Era, enfim, a base de uma esquadrilha de bombardeio que, com seis aviões Goliath de cinco toneladas e podendo ser equipado com rodas ou flutuadores, iria se engajar, ao lado da aviação espanhola, na guerra do Rif.

Durante dois anos, Prévaux comandou um centro de atividades variadas, em um período fundamental no desenvolvimento da aeronáutica. A apreciação feita por seus chefes é sempre excelente: "É absolutamente um oficial de primeira ordem que deve comandar o máximo possível e avançar rapidamente", escreveu o comandante da Aeronáutica da costa sul da França.

Avançar, Prévaux não pede outra coisa. O comando de Cuers o apaixona, por certo, e ele leva, ao lado de Blandine e das duas filhas do casal, uma vida agradável no Midi. No entanto, o que ele pode observar da evolução da doutrina do emprego dos aerostatos lhe parece inquietante: ele prevê seu inelutável desaparecimento em proveito do avião. Por outro lado, ele não renunciou à diplomacia; sua passagem pelo gabinete do ministro e seu comando na zona sul desenvolveram-lhe o gosto pela estratégia e pela diplomacia. Depois de uma dezena de anos, seus superiores anotam em seu dossiê que ele daria um ótimo adido naval; já era tempo de verificar estas capacidades. No outono de 1925, precisava-se de um adido naval em Roma; um belo posto que tenta também o amante das artes que ele era, e no qual Blandine, que fala italiano, faria uma belíssima figura. Mas de nada adianta a Prévaux usar de suas relações, fazer intervirem os amigos nos mais altos postos, ter o apoio do Estado-Maior e do embaixador em Roma que nomeou-o explicitamente. O ministro da Marinha Émile Borel escolhe seu concorrente. Ele teve que esperar ainda um ano para que Georges Leygues, novamente ministro, o nomeasse adido naval.

E foi enviado para Berlim.

5

Adido naval

Setembro 1930. A tarde cai docemente sobre Berlim e pela janela aberta a noite cálida traz dos bulevares um vago rumor — risos, ruídos de rodas sobre os paralelepípedos, tinidos dos bondes — apenas abafado pelos salgueiros que bordeiam a Bendlerstrasse. Instalado diante da janela, em mangas de camisa, Jacques fuma seguindo maquinalmente com o olhar os lampadários que se iluminam pouco a pouco através da folhagem. Depois de quatro anos de vida berlinense, aquele quadro romântico já não o toca mais; a natureza, aliás, o deixa um pouco frio. O mar, sim, e os navios impecáveis, os lampiões na passarela, os marinheiros em posição de sentido para a saudação à bandeira na manhã glacial, a atmosfera de camaradagem militar, eis o que poderia, mais do que noitadas mundanas, preencher o seu ser.

Será que ele nunca vai ficar satisfeito? Aos 42 anos, ainda está à procura de si mesmo, pensa, abatido. Pueril. Ele lutou para conseguir aquele posto de adido naval, uma belíssima posição na qual obteve sucesso; e agora só pensa em embarcar. Melhor ser sincero consigo mesmo: ele mergulhou com delícia naquela vida de representação, de aparências, toda superfície e facilidade; conheceu sucessos de amor-próprio, e gostou. Tem, todavia, a vaga impressão de estar se perdendo. Jovem, ele era bem mais exigente. Sua vida sentimental é um outro fracasso: nada mais o une a Blandine. Quanto às jovens damas que tão agradavelmente ocuparam suas noites, elas simplesmente não contam. No entanto, ele sorri a esta lembrança, que o traz de volta ao presente. A introspecção é malsã, diriam os jesuítas de sua infância. Ele dá de ombros e volta à recepção daquela noite.

Volta a fechar a caixa de jade de onde retirara as abotoaduras com suas armas e trata de enfiá-las nos punhos. Seu ordenança o ajuda a vestir o *smoking* recém-passado e, em um gesto, se retira. Jacques pega distraidamente um cigarro, fá-lo girar entre os dedos amarelados pela nicotina e, acendendo-o, atravessa a peça com seu passo um pouco rígido. A imagem que ele examina no grande espelho que decora o quarto lambrisado o satisfaz: a silhueta sólida de um homem maduro, que porta as roupas com a elegância fácil das pessoas habituadas ao uniforme; sem dúvida, ele é um pouco pesado, mas a intensidade de seu olhar claro, a impressão de força dada pelos ombros largos e pelo queixo voluntarioso, seu porte geral, dão-lhe um carisma que chama a atenção de todos aqueles que o encontram. Agora, ele já tem consciência de seu poder de sedução e da ascendência que exerce sobre os homens colocados sob suas ordens. Seu dossiê militar traz esta apreciação seca: "Ele sabe o que vale." Já tem atrás de si uma bela carreira; em 1928, aliás, fora promovido a capitão-de-fragata e até o presente desempenhara à maravilha a sua missão em Berlim.

Uma missão difícil. Prévaux foi o primeiro adido naval em Berlim depois da guerra. Desembarcou, em 15 de outubro de 1926, em meio a um ambiente hostil a tudo o que fosse francês ou militar. O Pacto de Locarno fora assinado no ano precedente e o Ruhr tinha acabado de ser evacuado. Os rancores ainda estavam vivos, e o chefe de Estado-Maior da Marinha, o almirante Salaun, reconhece que a missão de adido naval é muito delicada e exige um suplemento extra de fineza e diplomacia.

A Alemanha que ele descobriu estava, em princípio, desarmada. O Reich havia sido condenado pelo Tratado de Versalhes a reduzir suas forças militares e a destruir a maior parte de seus armamentos. Chegava-se finalmente, e depois de inumeráveis dificuldades, ao termo do processo de desarmamento. Os trabalhos da Comissão Militar Interaliada de Controle (CMIC) só tiveram fim em 1927, depois de anos de brigas contra a má-vontade, às vezes a má-fé dos vencidos. Neste contexto, o mandato dos adidos militares era um desafio à lógica. Mais absurda ainda era a missão dos adidos navais: eles tinham que obter informações sobre a Aeronáutica, embora o Tratado de Versalhes tivesse proibido a Alemanha de manter uma aviação. Havia, contudo, informações apaixonantes a recolher, pois, apesar de estar oficialmente desarmada, a Alemanha se rearmava secretamente: melhor, ela se modernizava. Os especialistas da CMIC, encarregados de inspecionar o desarmamento, ainda não tinham acabado de fazer as malas e a Reichswehr aprontava, discretamente e fora de suas fronteiras, os protótipos das armas modernas que iriam substituir os materiais obsoletos tão dificilmente confiscados pelos Aliados. Assim, apenas no que dizia respeito à Marinha, os engenheiros alemães supervisionavam, em Vigo, Cronstadt e Sebastopol, a montagem de submarinos ultramodernos, compensando amplamente os 315 submarinos destruídos pela comissão e preparando uma marinha altamente competitiva. Estas construções eram ultra-secretas; contudo, o adido naval era obrigado a constatar que, mesmo desarmado e provisoriamente impotente, o Reich nada tinha perdido de sua força.

O embaixador da França, Pierre de Margerie, acolheu calorosamente aquele brilhante oficial de Marinha e abriu-lhe as portas da alta sociedade berlinense. Pierre de Margerie, tio materno de Jacques, estava no apogeu de sua carreira. Servindo em Berlim desde 1922, este homem do mundo refinado e cultivado, conhecido por seus sucessos com o sexo feminino, fizera do palácio do Pariser Platz um centro da Berlim elegante e artística. O fausto das recepções que organizava ficaria por muito tempo nas memórias: os lacaios de peruca, postados em cada degrau da escada monumental em sentido duplo, as mesas ricamente guarnecidas e os célebres buquês que enfeitavam-nas compunham um quadro faustoso para os jantares de gala.

Ele tomara como primeiro-secretário o seu filho Roland, primo de Jacques, aquele que assinava suas cartas com um "teu velho irmão" e cuja amizade jamais se desmentiria: quando Jacques, dez anos mais tarde, decidiu se divorciar e voltar a casar-se, Roland foi o único em toda a família a apoiá-lo moral e financeiramente. Roland e sua mulher Jenny aconselharam Jacques a pedir o posto de adido naval em Berlim. Eles tranqüilizaram os Prévaux a respeito das condições de vida na capital alemã, que inclusive haviam melhorado bastante desde que eles mesmos chegaram em 1923. A vida era cara, é certo, mas estável, agradável, com todos os tipos de recursos; ademais os franceses podiam finalmente encontrar os berlinenses sem risco dos incidentes desagradáveis que ainda eram freqüentes no início dos anos 20. Blandine ficou encantada em reencontrar Jenny, madrinha de sua primeira filha.

Os dois primos retomaram o curso de sua amizade. Eles têm os mesmos centros de interesse: ambos são leitores prodigiosos, com um apetite insaciável; ambos são apaixonados pelas novas correntes que agitam a *intelligentsia* alemã e exploram como cúmplices a vida excitante desta que é uma autêntica capital européia. Roland vai permitir que seu primo mais velho aproveite de seu conhecimento íntimo da sociedade berlinense, ele que tem sempre ao alcance da mão os seis ou sete volumes do *Gotha* mundano.

Jacques está fascinado pela riqueza da vida cultural berlinense. Seus postos anteriores, na província ou no mar, não o tinham habituado a tais ousadias na criação. Naquele final dos anos 20, Berlim borbulha de uma intensa atividade artística. O retorno da prosperidade, graças aos créditos americanos que sustentariam a economia alemã até a quebra de Wall Street em outubro de 1929, causava nos berlinenses uma sede de espetáculos, suscitando a eclosão de novas formas de arte. Esta idade de ouro, que teve fim com a chegada ao poder dos nazistas, assiste ao sucesso de Bertolt Brecht, ao escândalo provocado pela *Ópera dos Três Vinténs* por ocasião de sua estréia em 31 de agosto de 1928. O cinema se impõe como uma forma de arte indiscutível: *O Anjo Azul* data de 1930 e Marlene Dietrich arrebata um grande triunfo com o cabaré *Tingel Tangel* da Kantstrasse. Yehudi Menuhin faz sua estréia diante de um público delirante. As melhores orquestras americanas de jazz despertam entusiasmo.

A embaixada da França participa desta efervescência; ela acolhe os artistas franceses que gravitam em torno a Berlim e torna-se o centro de todo o tipo de trocas. Quando, em 16 de janeiro de 1928, André Gide, acompanhado de Marc Allégret e de seus amigos, vem dar uma conferência, é recebido pelos Viénot, amigos de Roland e Jacques. Ao mesmo tempo, o escritor surrealista René Crevel, que tem 28 anos e acaba de publicar *La Mort Difficile*, vive em Berlim onde divide seu tempo entre os cabarés para homossexuais e Dorothea Sternheim, apelidada Mopse ou Mopsa. Muito jovem na época, ela era uma figura familiar da Berlim artística. Filha do dramaturgo Carl Sternheim, amiga da família de escritores Mann — em particular de Klaus, para quem realiza o cenário das peças —, ela faz parte destes círculos extravagantes que revolucionavam as convenções artísticas. Mesmo em Berlim, Mopse chocava: com seus cabelos cortados curtos, seu modo de vestir masculino, ela amava igualmente os homens e as mulheres. As fotos da época mostram uma moça robusta, um sorriso radioso, uma beleza brutal e provocante. Teria sido esta saúde a seduzir Crevel, já então afetado pela tuberculose? Eles se encontraram, portanto, em Berlim e, por assim dizer, nunca mais se deixaram. Quando Gide chega à capital, os dois grupos fundem-se. E é na casa dos Prévaux que se organiza em fevereiro um grande jantar em honra de René Crevel, na saída de uma conferência dada por ele na Universidade, na presença do *tout-Berlim* literário e, evidentemente, de Mopse.

Aliviada por ver terminados os anos sombrios do pós-guerra, a cidade se lança despreocupada em uma corrida desenfreada às distrações. De Unter den Linden ao Potsdamer Platz, o centro de Berlim exibe seus legendários hotéis de um luxo inaudito, seus cafés chiques, suas butiques da moda;

a vida noturna nada perde em importância, com suas boates, das quais algumas reservadas aos travestis, suas revistas, seus cabarés, suas noitadas particulares desenfreadas, suas orgias. Os salões são transformados em salões de baile. As festas se sucedem e rivalizam em animação: Berlim é a capital dos prazeres. Jacques é tomado por este turbilhão. Suas nomeações anteriores haviam privado de distrações aquele homem habitualmente severo; ele se precipita na loucura ambiente. Foi, aliás, em Berlim que ele contraiu hábitos notívagos que iriam se tornar célebres na Marinha, ficando sempre associados a seu nome.

Mas Prévaux não se limita a comparecer aos bailes e aos salões literários. Durante um jantar no Pariser Platz, ele encontra Pierre Viénot e, por seu intermédio, começa a se interessar pelos esforços do Comitê Franco-Alemão de Informação e Documentação, criação de Viénot em 1926. Viénot estava convencido de que uma Alemanha próspera e pacífica poderia desempenhar um papel positivo no seio da Europa, de que era preciso evitar a qualquer preço um novo conflito e de que a reconciliação entre a França e a Alemanha era uma prioridade absoluta. Os governos, cegos pelos sentimentos nacionalistas, eram incapazes de superar as idéias de revanche. A empresa de reconciliação teria que partir, portanto, de outro terreno, e dedicar-se de início à informação e desintoxicação das opiniões públicas.

Viénot apresentou seu plano à embaixada da França: o comitê, com bases em Paris e em Berlim, seria composto por intelectuais, industriais e representantes do mundo das finanças — as únicas pessoas, segundo Viénot, capazes de não pensar em termos de nacionalismos. Seriam, é claro, personalidades indiscutíveis, da elite dos dois países. Durante vários meses, os Margerie, pai e filho, participariam das discussões sobre a composição da parte francesa do comitê. Cada um dos dois grupos, francês e alemão, comportaria finalmente 35 pessoas, entre as quais o duque de Broglie, Wladimir d'Ormesson, André Siegfried, os presidentes da Krupp e da Thyssen, alguns banqueiros. O próprio Viénot é "delegado" em Berlim do grupo francês, que se reúne pela primeira vez em novembro de 1926. Para presidir o comitê, ele havia proposto o nome de Émile Mayrisch, poderoso industrial luxemburguês que havia criado e presidido por longo tempo um dos principais consórcios metalúrgicos europeus, o Arbed. Tudo que a Europa contava em escritores e amantes da literatura acorria aos salões de sua mulher, nascida Aline de Saint-Hubert, em seu palácio de Colpach. Pierre Viénot casou-se logo depois com a filha deles, Andrée.

Quando chegou em Berlim, Prévaux viu-se mergulhado de imediato nesta aventura franco-alemã, que marcará todos aqueles que dela participaram. As reuniões do comitê desenrolavam-se em uma atmosfera exaltada de comunhão no ideal de fraternidade, para a qual não foi pequena a contribuição dos suntuosos jantares oferecidos na embaixada pelo comitê. Viénot, que sente-se em casa no Pariser Platz, traz com ele as personalidades mais importantes e influentes; ele é o intermediário oficioso entre a França e a Alemanha e faz do comitê um instrumento de pressão em favor da paz.

No entanto, as dificuldades são crescentes e sua tarefa torna-se pouco a pouco impossível. O clima político estava envenenado pelo fracasso da conferência de desarmamento, pelas polêmicas e pelas reações violentas da opinião alemã contra o plano Young de regulamentação das reparações. Apesar de todos os esforços de Viénot e de Pierre de Margerie para dissipar o que eles insistem em considerar mal-entendidos, a confiança recíproca desaparece pouco a pouco. O comitê seria dissolvido em 1933. Viénot já tinha deixado a Alemanha (em dezembro de 1929), Prévaux um ano mais tarde, depois Pierre de Margerie e finalmente Roland. Entrementes, sobretudo, o NSDAP já tinha assumido o poder.

Naquele final dos anos 20, nem Viénot nem os Margerie estavam conscientes da gravidade do perigo que ameaçava a democracia alemã. Testemunhas da ascensão do nazismo, eles subestimaram sua força. Mas seria possível conceber a possibilidade de que se realizasse o inimaginável?

Eles observam com inquietude a miséria crescente da população, o desemprego galopante, os confrontos como o de 1º de maio de 1929, que causou cerca de trinta mortes, os apelos à mobilização lançados pelo partido comunista, as barricadas no bairro popular de Wedding, os desfiles que dos subúrbios vermelhos de Moabit e Neukölln trazem para o centro de Berlim massas de manifestantes operários. Eles não podem ignorar a propaganda nacionalista do NSDAP, os artigos demagógicos de uma imprensa atada por Goebbels, os apelos à revanche. Eles assistem a impressionantes desfiles militares e constatam que tais marchas despertam o entusiasmo das multidões espremidas à sua passagem; eles percebem o equipamento novo e competitivo das unidades, o montante exorbitante dos créditos militares, a disciplina dos soldados. Eles se alarmam com a recrudescência dos enfrentamentos e violências. Mas seria possível deduzir destes dados o totalitarismo nazista? Por certo, havia as organizações de jovens fanáticos, as brigadas de assalto, as milícias, os talentos de orador e de organizador de Adolf Hitler — mas já há alguns anos ele não exibia as idéias extremistas que professava nas cervejarias de Munique. O eleitorado, aliás, deu provas de ponderação e permaneceu fiel às formações tradicionais: as eleições de 1928 deram ampla maioria aos partidos de esquerda. Em setembro de 1930, é verdade, o NSDAP consegue mais de seis milhões de votos e passa de doze a 107 representantes, e seus deputados comparecem em uniforme, embora a SPD continue a dominar o Reichstag e Brüning continue a dirigir o governo. A situação da Alemanha é inquietante, sobretudo no plano econômico e social, mas não catastrófica.

Quando Prévaux deixou Berlim no final de 1930, levava consigo a imagem de uma grande nação, cujas elites intelectuais e econômicas queriam a paz. Estava convencido de que a República de Weimar saberia manter a estabilidade política. Insiste em defender a reconciliação entre os dois povos. Guardará destes quatro anos em Berlim uma profunda germanofilia.

O corpo diplomático e os meios cultivados de Berlim sentiram a partida de Prévaux e deploraram o estúpido incidente que estragou o último mês de seu mandato. Vermunt, um industrial holandês, suspeitava de que sua jovem e bela mulher era amante de Jacques; meteu-se a espionar seu rival, seguiu-o até um salão de chá e emboscou-se para atacá-lo e agredi-lo. Uma história banal de marido enganado e violento até o ridículo, mas em qualquer caso uma história estritamente pessoal. No entanto, ela foi maliciosamente explorada pela imprensa sensacionalista. *Das Kleine Journal* ("O Pequeno Jornal"), que a cada semana fornecia a seus leitores berlinenses as últimas fofocas mundanas, anunciava os bailes, além da agenda amorosa das personalidades, e relatava as noites elegantes, decidiu, em seu número de 12 de dezembro de 1930, destacar a altercação que opôs Prévaux ao marido ciumento, consagrando-lhe a manchete de primeira página em quatro colunas. A vontade de criar um escândalo e de alimentar as campanhas antifrancesas era tão evidente que os diplomatas ocidentais servindo em Berlim farejaram um golpe armado, destinado a desacreditar a diplomacia de um país da Entente. Eles fecharam a questão com Prévaux, cuja dignidade conquistara a admiração de todos.

Blandine manteve um ar sereno e reafirmou com altivez sua total confiança no marido. Antes de tudo, era preciso salvar as aparências, pois o casal estava separado há longo tempo e cada um saía livremente por seu lado. Jacques tinha uma vida amorosa abundante e complicada, não por libertinagem, mas por necessidade de exercer seu poder de sedução. Entre Blandine e ele nada mais havia senão um acordo tácito de exibir um mínimo de vida em comum. A guarda dos filhos não colocava problemas: as duas crianças eram confiadas à governanta ou aos avós Ollivier.

Quando Jacques e Blandine voltaram a Paris em janeiro de 1931, os Ollivier fecharam suas portas ao genro. Consideravam intolerável o "escândalo de Berlim", por uma razão bem precisa: as regras dos duelos a pistola não foram respeitadas e, na verdade, sequer acontecera um duelo. Ser posto em quarentena pela família dos sogros deixou Jacques indiferente. Ele não se sentia atingido pelo "escândalo"; seus amigos mais queridos, antes de qualquer outro Roland de Margerie, não deixaram de estimá-lo.

Ao se dirigir ao Ministério onde iria tomar conhecimento da próxima designação, ele sente subir em si uma curiosa sensação de júbilo. O hábito demasiado estreito que fora obrigado a usar em Berlim caía finalmente; ele estava livre e disponível para a obra que ainda lhe restava cumprir.

6

Um comando no mar

Em 8 de maio de 1931, Jacques embarca para Xangai, onde encontrará o aviso colonial *Altaïr*, do qual acabara de ser nomeado comandante. Um mês mais tarde, ele subiu a escada de bordo enquanto um gajeiro assoviava a saudação correspondente a seu posto. O *Altaïr* era um belo navio de oitenta e um metros de comprimento, armado de quatro canhões. Sua velocidade atingia os dezessete nós e tinha um porte orgulhoso: "Seus dois mastros altaneiros, suas pontavantes rompendo a uniformidade do casco, suas linhas gerais harmoniosas davam-lhe um indiscutível selo de elegância. Suas duas peças de 138 sob couraça acrescentavam a nota militar, enquanto o pavilhão tricolor, ainda aureolado pelo prestígio da vitória de 1918, valia-lhe a primazia que tanto peso tinha no Extremo Oriente: a dignidade." A tripulação era composta por uma centena de homens.

No convés, Prévaux aprofunda o conhecimento de seu estado-maior. Além de um engenheiro mecânico, um comissário e um médico, ele conta com quatro jovens marinheiros recém-saídos da Naval. Com eles, assim como com seu imediato, o capitão-tenente Robillard, instaura-se naturalmente aquela atmosfera de camaradagem respeitosa que só existe no mar. Os jovens oficiais partilham sua alegria de navegar e descobrir novas regiões; formam uma equipe cordial, cheia de ardor no trabalho e de vitalidade depois dele.

Vindo a noite, Jacques, apoiado na balaustrada, observa as luzes da enseada. Ei-lo enfim com os pés na China, cuja evocação, feita por Jean Roulier, já o encantava vinte anos atrás... Ele distingue as principais artérias de Xangai cujo plano estudara durante a travessia. Aquela linha brilhantemente iluminada ao longo do Huang-Pou é o Bund, com sua aglomeração cintilante — cinemas, néons piscantes das boates noturnas — e massas escuras que devem ser as folhagens das árvores entre os grandes imóveis das companhias de seguros. Além, pode-se reconhecer o bairro das concessões com as claridades nobres e espaçosas das mansões. Perto do porto, a cidade chinesa é mais escura, com vagos halos de luz surda; em primeiro plano, alguns faróis amarelos refletem-se nas águas negras e gordurosas do ancoradouro. O *Altaïr* está ancorado perto da terra, o bastante para que ele possa ouvir o rumor trazido pela água: uma cacofonia de sons novos, de músicas bizarras, de gritos estranhamente modulados, misturados a lampejos de jazz e à barulheira familiar das buzinas.

Que introdução melhor à China do que Xangai, cidade populosa e desavergonhada, cuja insolente riqueza adquirida pelo ópio se exibe ao longo do Bund em imóveis e hotéis de luxo, cidade de prazeres e negócios? A despeito do calor úmido e dos odores de podridão que chegavam em lufadas, sentiu bruscamente uma vontade de já estar na cidade, de misturar-se àquela multidão desconhecida, mundana e mestiçada, de confundir-se com o rebuliço dos cules, de errar diante das barracas misteriosas que, ele imagina, escondem tesouros de jade, de pós mágicos, de cachimbos de ópio e de velhos chineses enigmáticos... Seu devaneio é interrompido pela chegada de um marinheiro informando que o escaler estava pronto para levá-lo a terra. O comandante do *Altaïr* havia sido convidado à legação. Todas as noites, ele seria convidado, a Xangai mesmo ou ao *Primauguet*, o navio almirante do comandante-em-chefe das Forças Navais no Extremo Oriente, quando não estivesse ele mesmo recebendo a bordo as autoridades e os notáveis, os negociantes e os representantes da Câmara do Comércio, os cônsules e os oficiais de outros navios. Um trabalho de diplomata, em suma, para o qual ele está perfeitamente qualificado.

Prévaux revivia. Estava orgulhoso e feliz de comandar, enfim, no mar e naquela China com a qual todos os marinheiros sonham. Ademais, como o vice-almirante Berthelot estava ausente, ele teve a chance de substituí-lo como comandante superior dos navios franceses no porto de Xangai. Sob suas ordens, o *Altaïr* singrou os mares da China, do Japão às Filipinas, fazendo o giro das concessões e dos territórios franceses no Extremo Oriente. Durante os seis primeiros meses, o aviso patrulhou entre Xangai, Nankin e Hankeu subindo o Yang-zijiang; depois, dirigiu a proa para o Japão, fazendo escala em Nagasaki e visitando longamente o sítio e o santuário de Miyajima, na baía de Hiroshima, antes de lançar âncora em Kobe. Mais seis meses de patrulha em torno a Xangai, depois uma longa travessia do mar da China oriental em direção ao mar da China meridional, com escala em Amoy (atual Xiaman), Keelung, no grande porto de Taiwan, Hong Kong, Zhanjiang (então Forte Bayard, "território arrendado" cedido à França), na baía de Along, Saigon e, enfim, em Manilha. Cada escala do aviso arvorando o pavilhão nacional é ocasião para reafirmar a posse da França sobre aquelas parcelas de terras orientais.

Foram belas navegações, encontros e conversações apaixonantes com os europeus cultivados e sinófilos. Jacques resolve aprender seriamente o chinês. Encontra em Xangai um professor que aceita ensinar um oficial francês e adaptar-se a seus horários irregulares. É um velho chinês letrado, que foi preceptor em famílias nobres antes do advento da República e goza ainda de uma reputação de fino conhecedor do mandarim; sua coleção de marfins antigos fascina Jacques a cada vez que entra em sua casa. O velho Chang afeiçoou-se àquele aluno aplicado, acabando por oferecer-lhe como presente de partida a estatueta cuja visão tanto o encantava e que ele chamava de "a virgem chinesa": efetivamente quase gótica, pelo derreamento e pela queda da veste que acompanha a curva da presa de elefante. Junto com a língua, ele lhe transmite alguns rudimentos da sabedoria oriental e o refinamento no uso do ópio.

Jacques se lança a fundo no estudo do budismo. Ele sempre fora muito religioso, desde pequeno brincava com o "jogo da missa" que seus pais lhe deram, manipulando piedosamente as batinas de boneca e os minúsculos cibórios. O único conflito sério que teve com Blandine foi de ordem religiosa: ela tinha sido criada na tradição dos Ollivier de livres-pensadores e recusou-se a comungar na missa de seu casamento; foi necessária toda a força de convicção de Jacques e a cumplicidade de Catherine Ollivier, muito católica, para trazê-la de volta à razão. Em Xangai, em Saigon, Jacques faz um levantamento de todas as obras consagradas ao budismo nas bibliotecas. Lê tudo o que encontra sobre o assunto, e toma notas, que pouco a pouco se transformam em comentários. Ele descobre o *Livro dos mortos dos monges tibetanos* e fica deslumbrado. Ao tornar-se assim tão familiar a outras formas de pensamento religioso, embora tratando-se antes de moral que de religião estritamente falando, ele elabora para si um sincretismo espiritual. Seu catolicismo depura-se, desliga-se de suas raízes históricas e perde finalmente aquilo que faz sua essência: a crença na divindade de Jesus. Ele vai voltar da China mais preocupado que nunca com as questões religiosas, porém mais teísta que cristão.

Com exceção do professor de mandarim, os iniciadores de Jacques à cultura chinesa não são asiáticos, mas europeus esclarecidos. O período, com efeito, não é propício à amizade franco-chinesa. Depois que Chang Kai-Chek instaurou em Nanquim, em 1928, um governo nacionalista, a China se fechara para o Ocidente. O programa do Guomindang visa reconstruir o país a partir do interior, desenvolver a economia nativa, proteger os pequenos ateliês de fabricação dos produtos locais — o que implica barrar a entrada dos produtos ocidentais pela implementação de taxas e de direitos alfandegários, interditar às frotas comerciais estrangeiras o direito de cabotagem e sobretudo recuperar as concessões estrangeiras estabelecidas há mais de cinqüenta anos em solo chinês. O governo denuncia, portanto, os tratados econômicos, considerados injustos, assinados com as potências ocidentais, e incentiva a xenofobia para designar um bode expiatório para a miséria das populações esmagadas pela fome e pelo banditismo. Esta política protecionista intensificou, é claro, a concorrência entre as companhias inglesas, francesas e americanas presentes no local, deixando os exportadores franceses em situação desfavorável, pois eram especializados em produtos de luxo.

Embora sonhasse com isso, Prévaux sabia que não se pode conhecer a China em poucos meses. Baseado em sua experiência berlinense, ele pensava, no entanto, que poderia estabelecer com as elites chinesas as mesmas relações de confiança que estabelecera com os patrões e banqueiros alemães. Viu-se submetido a forte pressão dos negociantes franceses para que defendesse seus interesses diplomática e talvez até militarmente.

A guerra, a verdadeira, desencadeou-se violenta entre a China e o Japão. Dando prosseguimento a seu projeto de expansão e de conquista do Oeste, Tóquio empreende a anexação da China e invade a Manchúria em setembro de 1931 — Prévaux assumira o comando do *Altaïr* três meses antes. Pequim recusa-se a negociar e o Japão ataca então o coração econômico e político da China, Xangai, em janeiro de 1932. O vice-almirante comandante das forças navais no Extremo Oriente ausentara-se e Prévaux o substitui: em conjunto com as autoridades francesas (o cônsul, o coronel e a polícia), dirige a resposta francesa.

Bem entendido, não se tratava de tomar partido entre os beligerantes, embora a França não pudesse esquecer que a China se alinhara — em 1917 — ao lado dos Aliados. As potências ocidentais, aliás, por ocasião da conferência de Washington sobre o Pacífico em 1922, condenaram o Japão a pôr um ponto final em suas intenções expansionistas. Além dessas decisões diplomáticas hostis ao Japão, a França tem um preconceito favorável em relação à China. "Julgados a título individual, como artistas, companheiros, de um ponto de vista literário, enfim, os chineses nos são (talvez também porque ainda mais misteriosos) bem mais simpáticos que os japoneses", observa Jacques. E no conflito atual é verdade que "todas as aparências, e mesmo a realidade, representam uma pobre China sem defesa, violada e invadida ao arrepio das leis e dos tratados por um Japão brutal e desleal, verdadeiro prussiano do Extremo Oriente". O desprezo exibido por Tóquio em relação à SDN é um motivo suplementar para criticar a ofensiva japonesa, à qual os comerciantes de Xangai fazem a pior das censuras: impedir os negócios.

Seria o caso então de alinhar-se ao lado da China? Não é assim tão simples, estima Jacques. "Por mais desagradável que isto possa parecer, por mais antipáticos que eles sejam e desajeitados que tenham sido, os japoneses defendem agora a causa da civilização em geral e os interesses franceses em particular." O advento de um governo nacionalista e xenófobo mudou, de fato, os dados do problema: é preciso desejar a vitória dos japoneses, mesmo que o prestígio da SDN venha a sofrer, pois eles representam a única chance de a França salvar suas concessões, mesmo que a curto prazo, estando tais privilégios condenados a desaparecer. "A vitória chinesa, ou simplesmente a ausência de uma derrota chinesa, será a anarquia instalada nestas cidades prósperas e ordenadas que são o orgulho dos europeus na China." Esta análise pró-japonesa (em nome dos interesses franceses e não por afinidade com os "prussianos" do Extremo Oriente!) não é a dos representantes da França em Xangai: eles estão por demais influenciados pelos laços com seus amigos chineses, pelas lembranças de tantos anos encantadores e tantas belas coisas reunidas, para reconhecer lucidamente o interesse da França e desejar a derrota da China.

Como a Inglaterra, aliás, a França tentou de início interpor-se entre os beligerantes e propôs seus bons ofícios para encontrar um acordo. Tais esforços foram arruinados por uma nova ofensiva japonesa. Agora a questão era tão-somente proteger as concessões, fazer respeitar os direitos impostos pelas potências ocidentais, em primeiro lugar a manutenção de bases navais; respeitar, em meio aos combates, as zonas de influência comercial, e negociar, em último recurso, a evacuação dos envolvidos.

No front, que se estendia de Woosung até o sul de Xangai, as instruções da Marinha eram de proteger a concessão francesa, assim como as fábricas que dela dependiam, e de preparar-se para a evacuação, em caráter de urgência e em uma hora, do pessoal destas fábricas e das religiosas do Estabelecimento das freiras. Desde o primeiro ultimato japonês, em 28 de janeiro, Prévaux organizara um dispositivo de alerta, redistribuindo as unidades da Marinha de que dispõe e destacando grupos de combate para apoiar a defesa da concessão e das fábricas. Na cidade propriamente dita, o risco maior era de que as populações chinesas, levadas pelo pânico, invadissem a concessão francesa em busca de refúgio. O cônsul associou-se ao dispositivo de alerta acionado pelas outras potências e mandou cercar a concessão com arame farpado, uma medida, reconheceu ele, destinada sobretudo a tranqüilizar uma opinião pública sensível às notícias alarmistas. Entretanto, o avanço das tropas japonesas acabou por inquietar os ocidentais, que se perguntam como fazer respeitar, sob bombardeio, o estatuto de neutralidade das concessões e não conseguem negociar nenhum acordo entre os beligerantes.

De fato, o conflito entre os doze mil soldados japoneses e os quarenta mil chineses seguirá seu curso sem tocar nas concessões. Rejeitado um segundo ultimato, e depois de várias semanas de combates de artilharia pesada, a ofensiva final japonesa é lançada em 20 de fevereiro. No mesmo dia, a cavalaria japonesa alcança o campo de corridas de Xangai e ali instala sua base de operações. As tropas chinesas batem em retirada — desde 31 de janeiro, Chang Kai-Chek havia transferido a capital do governo de Nanquim para Leyang — e aceitam, em 2 de março, um acordo de cessar-fogo com a retirada para uma linha situada a dez quilômetros da frente de batalha.

Para Xangai, a guerra acabou; os japoneses por seu lado prosseguem sua conquista da China a partir do Mandchucuo e já marcham sobre Pequim.

Mao Tse-Tung ainda está em Kiang-si para organizar uma "República Soviética Chinesa".

Prévaux desembarca do *Altaïr* em julho de 1933 e o *Athos II* o traz de volta da China. Ele tem direito a quatro meses de licença de fim de campanha, que passa na Itália com Blandine e as duas filhas. Era o começo do outono. Os Prévaux viajam como abastados turistas entre Florença, Siena e Pisa.

A Toscana surge banhada em uma luz que Jacques, perdido de admiração, tenta analisar: nitidez, sutileza, delicadeza... Descreve em seu diário aquelas paisagens sublimes, sonha com belezas entrevistas a bordo do Arno, com as festas camponesas na Úmbria. Ele não conhecia a Itália, exceto por algumas escalas do *Duguay-Trouin* e pelas raras excursões organizadas pela Escola de Aplicação quando tinha vinte anos; lembra-se sobretudo da frustração que experimentara, ao pé dos mais belos sítios da história romana, com a tripulação obrigada a ficar a bordo. Aquele périplo indolente é para ele um maravilhamento perene.

Ao final de um mês de suas férias culturais, as crianças voltam à França — é a volta às aulas no "Oiseaux" onde os pequenos vão à escola —, enquanto Blandine e Jacques, ao volante de sua Fiat, partem para se instalar em Roma. Para Blandine, não se trata mais de turismo, mas de trabalho: ela está escrevendo um livro sobre a Itália fascista e vem fazer pesquisa e entrevistas. Sua agenda é cheia: em duas semanas precisa recolher informação suficiente para uma obra sobre a juventude italiana. Faz numerosas visitas à Casa del Fascio, reportagens em um orfanato, um asilo para crianças abandonadas, um tribunal para crianças, escolas, instituições para meninas. Obtém várias entrevistas com Ciano, que vinha de ser nomeado subsecretário de Estado de Imprensa e Propaganda por seu sogro, Mussolini, e tem até mesmo a honra de encontrar o *Duce* em pessoa. O resultado seria publicado no ano seguinte pela Gallimard, com o título de *Jeunesse Fasciste*. Através das descrições entusiasmadas daquela juventude "viva, sã, dinâmica" que é aplicada na escola para agradar ao *Duce*, exprime-se a admiração pelas realizações de Mussolini.

Entrementes, Jacques visita Roma e passeia. Caminha horas a fio pela cidade, entra em igrejas, percorre museus, almoça com um e com outro, bisbilhota, observa, escreve. Finda a tarde, enquanto se veste para jantar, pergunta sobre o trabalho de Blandine, encorajando-a a prosseguir: "É bom que a senhora trabalhe." Ajuda-a a encontrar uma datilógrafa para bater à maquina as folhas já redigidas. Roma formiga de riquezas que em um mês não é possível explorar, e é com o coração pesado que ele toma o caminho de volta.

Sob as chuvas fortes daquele início de novembro, a chegada a Paris é sinistra; os Ollivier acolhem o genro com frieza, pois ainda não lhe perdoaram o escândalo de Berlim. Os Prévaux, que até então viviam com os sogros, decidem procurar um apartamento independente. As férias de Jacques estão quase chegando ao fim e o quadro de designações não propõe nenhum posto interessante. Tudo vai mal.

E então chegou aquela noite em que Charlotte Leitner — Lotka, como é chamada — apareceu-lhe, rosto muito branco, aureolado por uma cabeleira dourada, longa silhueta vestida de negro, e conquistou-o com um olhar de seus olhos verdes.

Segunda Parte

Lotka

1

De Jaroslaw a Vionnet

Naquela manhã de janeiro de 1934, Lotka Leitner toma o trem, direção Cracóvia. Enfiou o bilhete bem fundo em sua luva de pele, o retângulo de papelão contra a palma, e aperta contra o peito a bolsa em couro de crocodilo, que contém o que ela tem de mais precioso: seu passaporte novinho em folha. Lotka é francesa há pouco mais de um mês. Como é estranho, pensa ela, mergulhando o nariz no buquê de violetas que Mopse lhe estende, esperou tanto por aquele momento em que teria seus papéis, em que seria finalmente francesa, e eis que seu primeiro gesto é retornar para a Polônia, deixar aquela Paris que ela adora e onde agora se sente em casa! E no entanto, ela está imensamente feliz com a idéia de retornar à Polônia, de rever seus pais, de fazer esqui na montanha, de passar as férias despreocupadas de uma jovem comum.

Comum? Certamente não, e quando ela avança na plataforma com seu andar ondulante, sua silhueta alta (1,78 m!), encolhida no casaco de peles, uma massa de cabelos louros macios escapulindo de um chapéu com ares de alta moda, parecia que uma brisa perfumada deslizava sob as vidraças. Ela passa, e fica-se a segui-la com os olhos, os braços pendurados e o coração aos saltos: ela tem aquele porte, aquele não-sei-quê que atrai os olhares. Seu charme é feito da leveza de um pescoço que não acaba nunca e parece inclinar-se sob o peso de um rosto de largas maçãs eslavas; da transparência de seus grandes olhos, cuja cor sutil muda para azul, verde ou cinza segundo o humor, o tempo ou as roupas que estiver vestindo; da sensualidade daquela cabeleira dourada e encaracolada; da graça e da distinção de seus movimentos. Difícil notar que ela tem o nariz muito grande e a boca larga demais e a parte inferior do rosto um pouco indistinta. Esta aura de admiração que a escolta por toda parte é tão habitual que ela mal a percebe. Modesta e no fundo ainda selvagem, ela não se atribui tais méritos. Aliás, aos 27 anos não é mais preciso se fazer de coquete; aquelas homenagens mudas antes de mais nada divertem-na. Sobe os degraus do estribo sorrindo disfarçadamente; agradece com um sorriso brilhante à pessoa amável que levou sua mala até o vagão e manda com a mão enluvada um último beijo para Mopse que, plantada na plataforma, observa tristemente a sua partida.

No momento da despedida, naquela manhã, Mopse fingira desenvoltura. Seria forte e não passaria pelo ridículo de pôr-se a chorar. Durante as poucas semanas de ausência, ela iria até Bruxelas passar oito dias com seu pai, seu "papaschka", que ela havia negligenciado bastante nos últimos tempos, depois partiria para Davos para fazer companhia a René Crevel, mais uma vez hospitalizado em um daqueles deprimentes sanatórios que sequer conseguiam curá-lo da tuberculose. Mopse vive de paixão em paixão e não compreende a indiferença daquela bela jovem que, em toda a sua vida, nunca se apaixonara. O coração apertado pelos ciúmes, ela imagina sua sedução reinando nas noitadas de Zakopane, a estação de esqui da moda nos montes Tatra. Rindo, ordenou à amiga que se comportasse.

Lotka, instalando-se em seu compartimento, promete a si mesma, pelo contrário, que irá divertir-se. Antoine, que é mais ou menos seu pretendente, jurou que tentaria encontrá-la em Zakopane. Este próspero filho de banqueiro não é jovem nem sedutor, porém tem outras qualidades. Adora música, toca violino à perfeição e a vida de rico diletante que leva em Paris tem um charme irresistível para a pequena emigrante que ela continua a ser.

No entanto, quantas mudanças desde a noite em que ela saltou do trem vindo da Cracóvia, em dezembro de 1924, para descobrir Paris! Tinha dezoito anos, uma malinha magra, mas no bolso um endereço que valia ouro, o de Reboux, um dos grandes modistas da capital. Com ele, ela iria se aperfeiçoar na arte de dar aos chapéus aquele toque final, aquela marca que só se aprende em Paris, nas grandes *maisons*, para retornar depois a Jaroslaw, onde exerceria seus novos talentos na butique da família. Uma bela loja, do mais alto nível naquela pequena cidade do sul da Polônia, cujo letreiro dizia tudo, anunciando a procedência: Au Chic Parisien. Um negócio de família: a mãe administra o ateliê das modistas, enquanto o pai encarrega-se da fábrica de produção do feltro.

Como tantos judeus da Europa central, os pais de Lotka tentaram a aventura da emigração e tomaram um barco para Nova York. Esgotados e atordoados pela travessia, eles desembarcaram no centro de trânsito de Ellis Island, às portas de Manhattan, deixaram-se amontoar como gado em uma grande sala, enquadrados pelos rudes ianques em armas, sofreram sem protestar a promiscuidade da espera e a humilhação dos controles policiais e dos exames sanitários. Encontra-se o nome Leitner entre aqueles que, gravados em um muro em Ellis Island, lembram a chegada de milhares de emigrantes. O pai de Lotka, Isidore, partiu primeiro, conseguiu um trabalho na estrada de ferro e chamou então a mulher e Milan, seu primogênito. Lotka (Charlotte, segundo seu novo estado civil francês, mas todos a chamam de Lotka) nasceu e cresceu em Nova York, avenida B, na atmosfera barulhenta e agitada do East Side, onde as diversas comunidades de emigrantes coabitam. A família, contudo, não se habituou: não era fácil passar da vida burguesa bem arranjada, de um meio quase rural e tradicional, para o ritmo trepidante da sociedade industrial, para a selvageria dos bairros pobres de Nova York. Eles, que não fugiram da miséria ou dos pogroms, podiam voltar para a Polônia. Assim, depois de seis anos de exílio, Isidore repatriou seu mundo para Jaroslaw.

A mãe de Lotka, Bertha, era uma beleza um pouco pesada, de olhar severo e busto opulento. Ela dedicou-se à tarefa e reconquistou a clientela feminina de Jaroslaw, à força de talento e sobretudo de energia. Esta mulher exemplar tinha a quem puxar. Sua mãe, Rosa Stieglitz — a avó de Lotka, portanto —, ficou famosa na crônica local. Conta-se com admiração que ela, um belo dia, decidiu assumir as rédeas da família. Cansada da avareza do marido relojoeiro, incréu ainda por cima — ousava fumar aos sábados e só desistiu de tal sacrilégio depois que seu leito pegou fogo —, ela decidiu conquistar a independência e tornou-se parteira. Sua filha Bertha deu seqüência à ascensão social da família casando-se com Isidore Leitner e tornando-se, assim, proprietária.

Jacques de Prévaux aos 12 anos, em Lille (1901)

Jacques de Prévaux (1915)

Jean Roulier, em Toulon (1915)

O segundo-tenente Jacques de Prévaux *(sentado, à esquerda)* no *Descartes*, em Montreal (1913)

O navio *Descartes* (1913)

Jacques de Prévaux *(sentado na segunda fila, terceiro da esquerda para a direita)* e a tripulação do *Diligente* (1916)

Jacques de Prévaux com o uniforme de piloto de dirigível, em Saint-Cyr (1917)

ACERVO DE PARSCAU

Jacques de Prévaux, comandante do Centro de Dirigíveis de Marquise-Rinxent (setembro de 1919)

Jacques de Prévaux e Blandine Ollivier na Saint-Augustin no dia de seu casamento (abril de 1920)

O tenente Jacques de Prévaux *(o quarto, da direita para a esquerda)* no gabinete do Ministério da Defesa, em Paris (1920)

O capitão Jacques de Prévaux *(sentado)* no *Diligente*, em Toulon (1924)

O capitão Jacques de Prévaux *(sentado, ao centro)*, comandante da base de Cuers (novembro de 1924)

O *Esperia* pousa em Cuers (1925)

O comandante Jacques de Prévaux, adido naval em Berlim (1929)

Jacques de Prévaux *(sentado na primeira fila, ao centro)*, comandante do *Altaïr*, em Xangai (1931)

Jacques de Prévaux, China (1932)

Jacques de Prévaux com o comandante das forças norte-americanas nas Filipinas, Manila (1932)

A família Leitner em Nova York (1906). Da esquerda para a direita, Bertha (com Lotka no colo), Milan e Isidore

A loja de Bertha Leitner, Au Chic Parisien, em Jaroslaw (1923). Lotka é a primeira à direita, com Bertha a seu lado

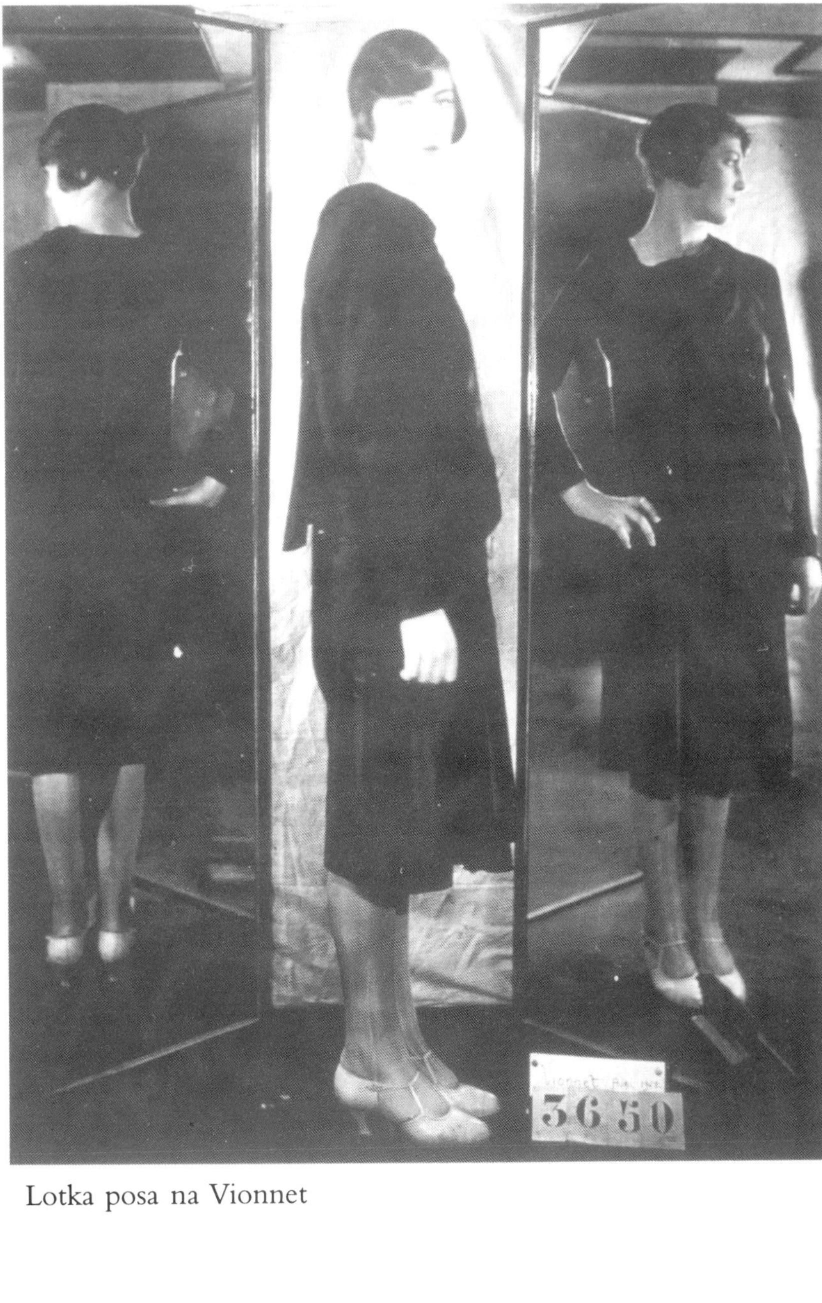

Lotka posa na Vionnet

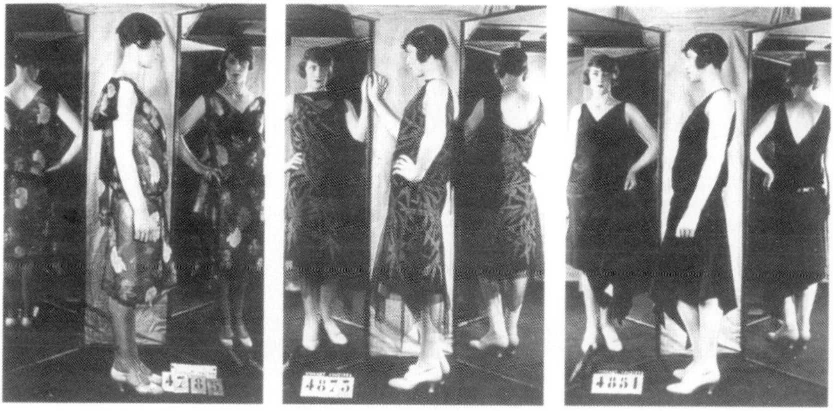

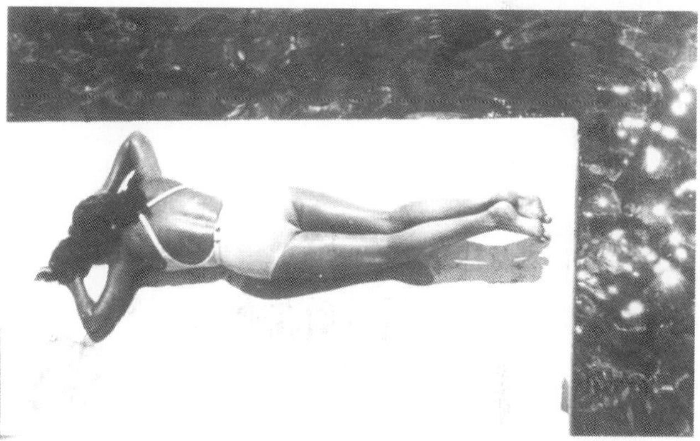

Lotka (década de 1930)

Cartão-postal de
Mopse para Lotka
(1934)

Lotka, em Zakopane
(janeiro de 1934)

Lotka (década de 1930)

Jacques (década de 1930)

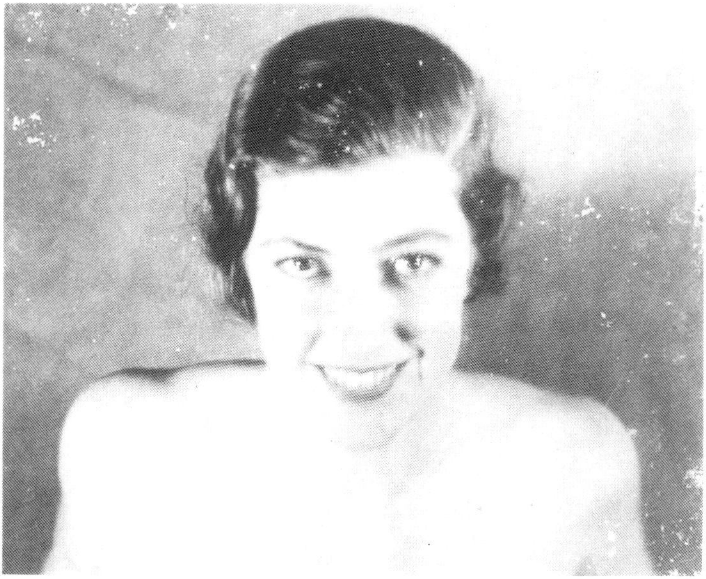

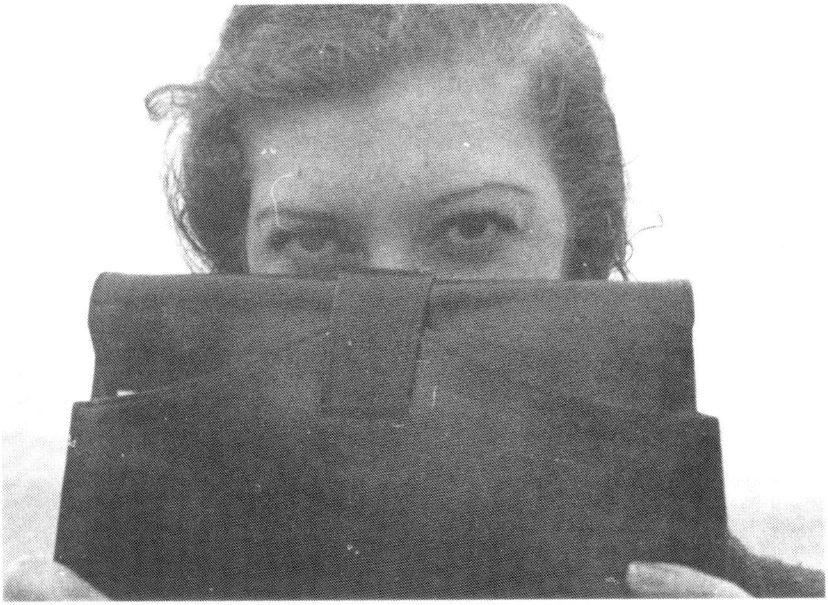

Lotka (década de 1930)

Cartas de Jacques para Lotka *(esquerda)* e de Lotka para Jacques *(direita)*

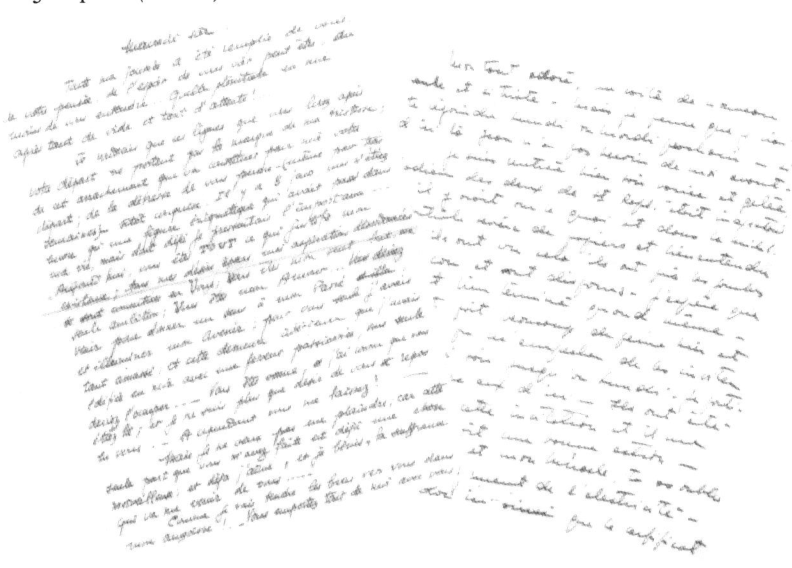

Jacques de Prévaux (1936)

Jacques de Prévaux conversa com o almirante Castex, em Rochefort (maio de 1936)

Souvenir fotográfico do comandante Jacques de Prévaux, em Alexandria (setembro de 1940)

O navio *Duguay-Trouin* (1940)

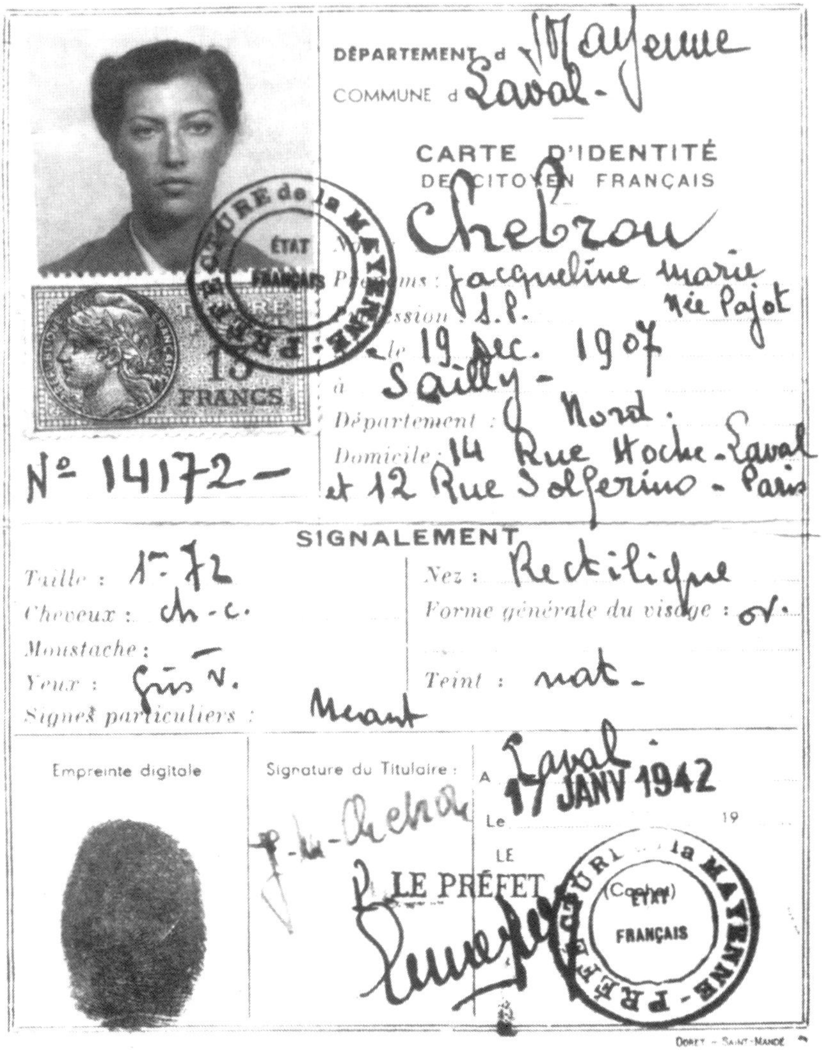

DÉPARTEMENT d Mayenne
COMMUNE d Laval-

CARTE D'IDENTITÉ
DE CITOYEN FRANÇAIS

Nom : Chebrou
Prénoms : Jacqueline Marie
Profession : S.P. née Pajot
Né le 19 déc. 1907
à Sailly-
Département : Nord.
Domicile : 14 Rue Hoche - Laval et 12 Rue Solferino - Paris

Nº 14172 -

SIGNALEMENT

Taille : 1,72
Cheveux : ch.-c.
Moustache : —
Yeux : Gris v.
Signes particuliers : Néant
Nez : Rectiligne
Forme générale du visage : ov.
Teint : mat.

Empreinte digitale

Signature du Titulaire :

A Laval
17 JANV 1942
Le 19

LE PRÉFET

(Cachet)

PRÉFECTURE de la MAYENNE - ÉTAT FRANÇAIS

DORET - SAINT-MANDÉ

Carteira de identidade falsa de Lotka, com o nome de Jacqueline Marie Chebrou (janeiro de 1942)

ACERVO DE GERMAINE SABLON

Lotka em La Cisampo (1942)

Isidore e Bertha Leitner em frente à sua loja, na *rue* Legendre, 78, em Paris (1938)

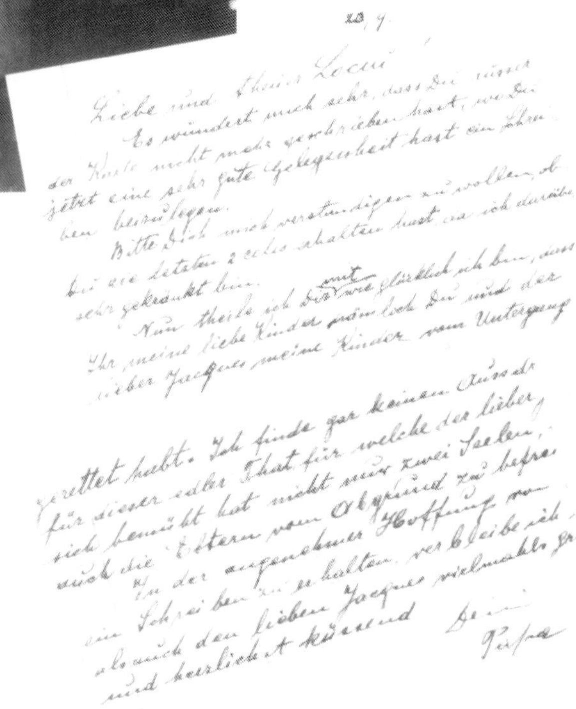

Carta de Isidore Leitner para Lotka (setembro de 1942): "(...) agora preciso dizer-lhes o quão feliz estou, meus queridos – quero dizer, você e meu querido Jacques –, por vocês terem salvado meus filhos *[a irmã de Lotka, Mania, e seu marido Kouba]*"

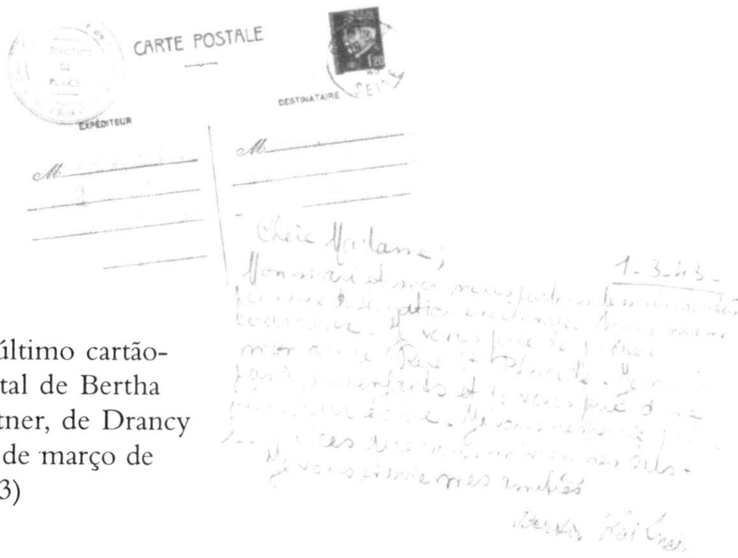

O último cartão-postal de Bertha Leitner, de Drancy (1º de março de 1943)

Lotka em La Cisampo (1942)

Jacques (1943)

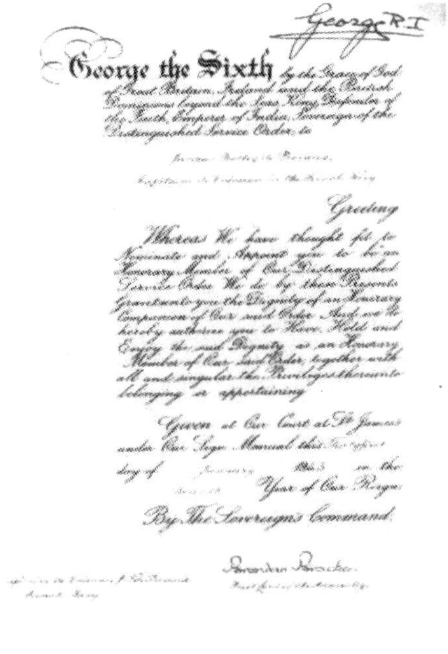

George R.I.

George the Sixth by the Grace of God of Great Britain, Ireland and the British Dominions beyond the Seas King, Defender of the Faith, Emperor of India, Sovereign of the Distinguished Service Order, to

Greeting

Whereas We have thought fit to Nominate and Appoint you to be an Honorary Member of Our Distinguished Service Order We do by these Presents Grant unto you the Dignity of an Honorary Companion of Our said Order. And we do hereby authorise you to Have, Hold and Enjoy the said Dignity as an Honorary Member of Our said Order, together with all and singular the Privileges thereunto belonging or appertaining.

Given at Our Court at St. James under Our Sign Manual this day of January 1943 in the Year of Our Reign.

By The Sovereign's Command.

Certificado da condecoração britânica DSO (Distinguished Service Order) para Jacques de Prévaux (janeiro de 1943)

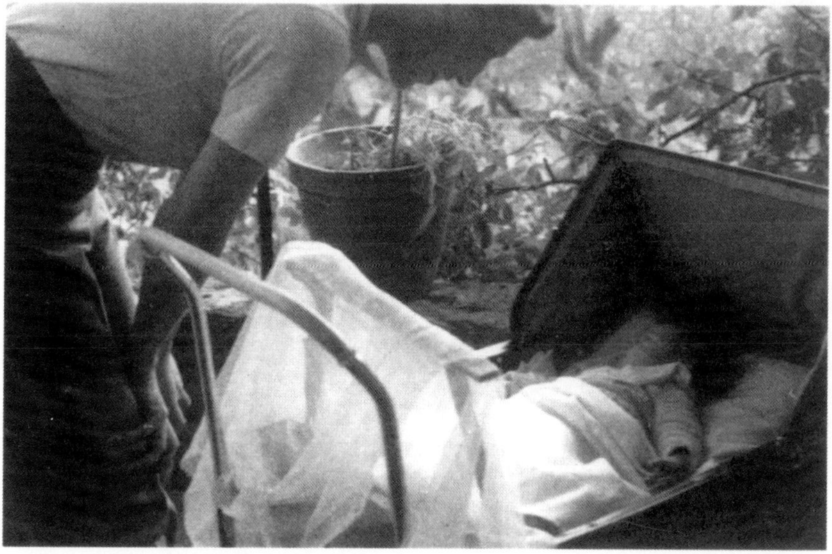

Lotka com Aude (1943)

Certificado da condecoração polonesa de Lotka de Prévaux, a Cruz do Mérito (abril de 1945)

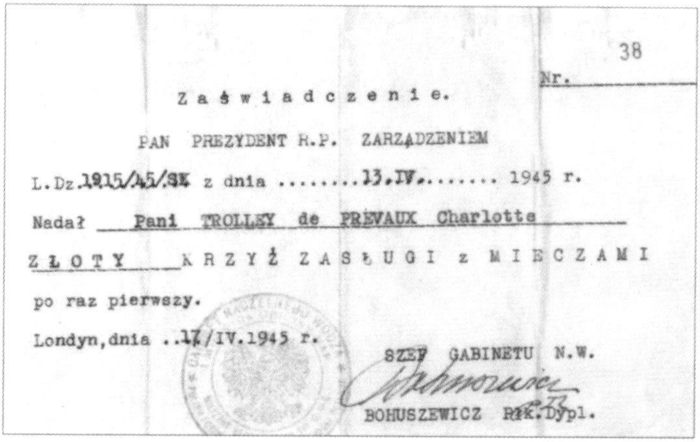

38

Nr.

Zaświadczenie.

PAN PREZYDENT R.P. ZARZĄDZENIEM

L.Dz.1915/45/SK z dnia ....13.IV........ 1945 r.

Nadał Pani TROLLEY de PREVAUX Charlotte

ZŁOTY KRZYŻ ZASŁUGI z MIECZAMI

po raz pierwszy.

Londyn, dnia ..17/IV.1945 r.

SZEF GABINETU N.W.

BOHUSZEWICZ Ppłk.Dypl.

Lotka com Aude (1943)

Apesar de judeus e de estrita observância (respeitavam o *shabbat* e Isidore fazia suas preces todas as manhãs com as estolas rituais), eram burgueses e reconhecidos como tais, em suma, freqüentáveis. Jaroslaw, que durante a Grande Guerra fizera parte do Império austro-húngaro, tinha sido, aliás, poupada dos pogroms. Os chapéus que saíam das mãos hábeis das operárias do Chic Parisien eram os mais elegantes da cidade; todas as esposas de funcionários compravam lá, sob pena de ridículo. Bertha fazia questão de estar no grito da moda: ia todo ano às capitais do bom-gosto, que eram Viena e Paris, e trazia para uma clientela impaciente as últimas novidades, cujos nomes nas páginas brilhantes das revistas faziam sonhar as mais coquetes: *Mon flirt* (feltro e fivela de metal), *Promenade des Anglais* (pequeno gorro de *tweed* cinza e preto) ou *Des Grieux* (tribico de *bakou* negro).

De suas viagens européias, Bertha trazia também peças para vestir decentemente a sua filha, sua bela Lotka, seu orgulho. Roupas para as saídas e para as ricas noites de festa de Jaroslaw. Lotka ainda se lembrava de um vestido rosa de musselina que usou em seu primeiro baile, quando tinha dezesseis anos; seu irmão menor Willy ainda se mostra emocionado: "Ela estava de uma beleza deslumbrante!" Dançou sem parar, ela que temia que sua altura repelisse os cavalheiros. Naqueles anos tranqüilos, anteriores ao nazismo, ela viveu uma infância dourada, partilhada entre as aulas de piano, os bailes — e o ateliê da mãe.

Lá era preciso trabalhar duro. Uma foto mostra as operárias — sete jovenzinhas, sérias, um pouco crispadas — tendo nas mãos os chapéus em curso de confecção, agrupadas ao redor da patroa. Lotka está sentada à sua direita; só ela encara a objetiva com tranqüilo desafio. Sobre ela repousam as esperanças de Bertha, o futuro do Chic Parisien de Jaroslaw e da indústria familiar. É uma boa aprendiz, por certo, tem bom-gosto, coisa natural quando se ganhou prática com Bertha, mas é preciso mais do que isso para assumir o bastão.

Noite após noite, a mãe fecha o cerco em torno de Isidore: a filha precisa ir para Paris aprender o que é o chique parisiense de verdade. Ela conseguiu-lhe um estágio na mais famosa modista da capital, Reboux, cujo ateliê na avenida Matignon fornece chapéus para os grandes costureiros. Uma referência. Melhor, uma honra. O pai, bem entendido, levanta mil objeções. Sua bela Lotcienka, ainda tão jovem, perdida na cidade grande, abandonada aos perigos inumeráveis daquele inferno pagão? E como viver sem seu sorriso? E quem irá se ocupar dos três pequenos que ainda estão em casa, Willy, Mania e Mina? Bertha, que sabia atravessar a Europa sem muito esforço, ficou firme, falou de glória e de cifras, e mencionou que Milan, o irmão mais velho já instalado em Paris, poderia hospedar a pequena, pois tratava-se de apenas alguns meses. Isidore acaba por aceitar. Mas Lotka iria permanecer na França, e os Leitner só iriam rever a filha dez anos mais tarde. Pouco depois, expulsos pelo anti-semitismo, eles iriam refugiar-se em Paris.

Em meio a um grande estrépito de freios sobre os trilhos gelados e de vapor assoviando na noite, o trem entra finalmente na estação de Cracóvia. O tio de Lotka, um velhinho talmúdico que, friorento, se protege contra as rajadas de neve sob o toldo dos guichês, lança olhares perdidos para os raros viajantes que se apressam em direção ao calor relativo do edifício. De repente, sua sobrinha está diante dele, mas tão transformada que ele só a reconhece pelo tamanho: uma dama assim tão alta só pode ser Lotka. A moradia de Karpel Leitner, o irmão de seu pai, reduz-se a duas peças escuras em cima de seu ateliê de marroquim, em uma ladeira da velha cidade. Lotka, reanimada pelo ar vivo e pelos odores esquecidos mas tão familiares da fumaça das frigideiras a carvão, sufoca um pouco ao entrar no reduto impregnado dos eflúvios do couro. Depois, assim que se senta na poltrona molenga, sobre a qual o tio estendera um cobertor mosqueado, o calor a envolve novamente. Ela fixa com um ar vago o velho que, os olhos brilhantes de curiosidade, espera que ela fale. Sente-se no fim do mundo naquele apartamento isolado, fechado, onde os ruídos da rua são velados pelas cortinas e até mesmo o alarido dos bondes chega abafado pela neve — tão longe de Paris, de seu apartamentinho da rua de Passy, da atmosfera luxuosa da avenida Montaigne, da excitação dos desfiles de moda.

Quando ela chegou a Paris, há quase dez anos, instalou-se de início na casa do irmão, conforme combinado com os pais. Mas não ficou muito tempo. Ele abrira-lhe os braços, é verdade, os laços familiares são afinal sagrados, mas Lotka logo sentiu que ao irmão incomodava a irrupção de Jaroslaw em sua vida parisiense. Milan tinha seu trabalho — era advogado ou, pelo menos, consultor jurídico — e a presença em sua casa de uma jovem polonesa que balbuciava algumas palavras em francês com forte acento iídiche era embaraçante. Ele estava para se casar e Jeanne, sua futura esposa, não gostava da idéia de coabitar com uma mulher mais jovem e de deslumbrante beleza. Então Milan encontrou para a irmã um quarto na casa da viúva de um diplomata grego. Uma solução perfeita, embora um pouco distante do centro — avenida do Maine —, mas o quarto era grande e o aluguel módico. Lotka ainda estaria lá se a locatária não tivesse um filho, cuja lembrança ainda provoca nela uma onda de repugnância. Aquele vadio girava toda a manhã pelo apartamento, negligentemente vestido com um robe de chambre de seda recamada; aquele grosseirão dava um jeito de estar sempre em sua passagem, impunha-lhe suas frases de espírito; aquele insolente soprava em seu rosto a fumaça de seus cigarros orientais; aquele pulha detalhava com complacência os encontros galantes que ocupavam suas noites e zombava de sua reserva e de sua timidez. Ela partiu no momento em que tais alusões se transformaram em propostas precisas e ele tentou aproveitar-se de sua confusão. Fez as malas em dois tempos e levou-as naquele mesmo dia para a avenida Montaigne, para a casa de Vionnet.

Os quatro anos que passou na casa de Madeleine Vionnet, depois do aprendizado com Reboux, foram dias de festas, apesar da dureza do trabalho — as manequins ficavam sempre de pé e disponíveis a qualquer momento — e da insegurança da situação: ela era clandestina, não tinha permissão para trabalhar e a patroa, que gostava dela, tinha que ocultá-la logo que alguém assinalava a presença dos inspetores. A grande costureira podia se permitir semelhante risco; como se sabia que ela estava mais que quite com a legislação, os controles eram pura formalidade. Vionnet tinha até mesmo instaurado condições de trabalho inauditas: os ateliês eram espaçosos e bem iluminados, confortáveis também, pois as aprendizes dispunham de cadeiras de verdade e não simples tamboretes; o salário era correto e sobretudo havia uma cantina gratuita, quatro semanas de férias, uma enfermaria, um consultório dentário onde os tratamentos eram gratuitos. As operárias se deixariam matar por uma patroa assim, e as primeiras passavam alegremente o domingo a procurar modelos, sem que isso significasse um tostão a mais, se isso fosse necessário.

Como Lotka introduziu-se em tão prestigiosa casa? Seu estágio com Reboux colocou-a forçosamente em contato com Vionnet, principal cliente da grande modista. Na época da preparação das coleções, o costureiro trabalhava estreitamente com seus acessoristas: chapéus, luvas, sapatos são, na alta costura, ligados à roupa. As manequins não desfilavam com as cabeças nuas — naquela época nenhuma mulher sairia sem chapéu; e nas páginas da *Vogue*, os modelos realçavam sempre o conjunto dos elementos de uma indumentária. Um chefe de ateliê da casa Vionnet notou aquela operária de inesperada beleza ou uma cliente, ainda encantada, falou a seu respeito com Madeleine Vionnet.

Na avenida Montaigne 50, o movimento de Rolls e de Bugattis assinala de longe, mesmo naquele bairro opulento, o magnífico hotel particular da Maison Vionnet. Uma escada monumental leva ao Grande Salão onde são apresentadas as coleções. Por toda a parte reina uma atmosfera de refinamento criada pelos afrescos de estilo antigo que ornamentam as paredes, a luz filtrada pelos vitrais de Lalique, os espessos tapetes, os salões de prova com as paredes chamalotadas de amarelo, as vitrinas ricamente guarnecidas dos salões de lingerie ou de peles. Atrás, um edifício de cinco andares abriga cerca de vinte ateliês de costura, o dos "vaporosos", das peles, dos "chichis" onde são colocadas as fitas e franzidas as rosas de seda ou de veludo. De início, o luxo ostentatório da Maison Vionnet impressionou Lotka; ela quase tremia de medo quando, para apresentá-la a uma cliente, vestiram-na pela primeira vez com um daqueles vestidos de noite enviesados que faziam a fama de Vionnet, de fluidez tão natural que parecia simples, embora fosse extremamente complicado: o tecido de seda branca desliza sobre o corpo como um véu, e as pregas caem moldando estreitamente a silhueta e o menor movimento move também os drapeados e véus. Um vestido impudico, pensou ela, enquanto o atrito ligeiramente áspero do crepe sobre a pele causava-lhe arrepios; depois, girando diante do espelho da cabina, ela descobriu a elegância da roupa; o olhar aprovador da encarregada de vestir as manequins completou a metamorfose: ingratamente, ela renegou o vestido rosa de seu primeiro baile.

Sua silhueta longilínea não correspondia ao tipo de manequim preferido de Madeleine Vionnet que, para os desfiles, dava destaque à beleza abundante da russa Antoinette. No entanto, era nela que a genial costureira criava de bom grado os seus modelos, drapeando o tecido aqui, alfinetando ali, juntando em um toque vaporoso acolá, as mãos realizando sem vacilos ou hesitações a imagem nascida do espírito, pois para Vionnet o desenho vinha só depois da criação, em uma boneca de madeira no começo, depois sobre os manequins de carne e osso. Sua partida, escreveria a patroa ao assinar seu certificado, "privou-me de uma das jovens sobre as quais eu trabalhava melhor os meus modelos, e eu lastimei-a sinceramente".

Depois de quatro anos de casa e de trabalho duro, Lotka efetivamente decidira deixar Vionnet. Nada tinha a censurar à patroa nem às outras moças. Todas eram simpáticas. A intimidade das cabines superaquecidas onde as manequins, seminuas, esperavam pelos caprichos das clientes para desfilar roupas suntuosas, os risos, a cumplicidade entre mulheres bonitas no início chocaram-na, pudica como era. Depois achou que tinha encontrado a ternura que seria inútil esperar de um bruto como o filho de sua antiga locatária. Mas uma vez dissipada a embriaguez dos primórdios, aquela atmosfera abafada, confinada, voltada para o luxo tornou-se pesada: artificial demais para a jovem selvagem que, no fundo, ela continuava a ser. Era chegada a hora de aprender um verdadeiro ofício, de conseguir documentos regulares para poder trabalhar normalmente, sem temer a expulsão, em suma, de se instalar definitivamente na França. Empregou-se então em Elisabeth Arden.

No quarto de Karpel Leitner o chá já esfriou. Lotka, a voz rouca de tanto falar, só tem um desejo: dormir. O tio, já tão orgulhoso da bela jovem em que sua sobrinha tinha se transformado, balança a cabeça enlevado. Ei-la portanto, francesa, é uma honra para a nossa raça. E a nova profissão, esteticista, é boa? Ela nada disse, contudo, a respeito de seu irmão Willy que está, em Paris; eles não se vêem? Bertha agora tem os três mais velhos na França, muito bem! Nós iremos também, aqui a vida está ficando dura para nosso povo.

No dia seguinte, Lotka pega o trem novamente, um horrível parador que sobe assoviando os cem quilômetros que separam Cracóvia de Zakopane. A viagem é penosa. O trem está abarrotado; os grossos blusões dos esquiadores espalham um cheiro acre de lã úmida; na janela, o vapor embaça a vista dos Tatras. Mas assim que desce na plataforma de madeira da minúscula estação, ela revê aquelas paisagens deslumbrantes de neve, o céu gelado, aquele ar vivo de que tinha tanta saudade. A pensão Granit é uma modesta hospedaria, onde sua distinção e suas roupas destoam; que importa, se ela vai estar o tempo todo nas pistas! Boa esquiadora, aliás, rápida e infatigável, ela logo se vê escoltada pelos campeões da estação. Como sempre, uma corte masculina constitui-se a seu redor, atraída por seu sorriso e sua alegria de viver. Todo o bando é inseparável, mochilas nas costas em frente aos chalés, em roupas civis nas ruas de Zakopane, onde um profissional local fotografou-a (elegante parisiense de *tailleur* cinturado com gola de pele, regalo de peles e botas de salto alto), à noite no restaurante, ela, radiosa e bronzeada em um vestido negro profundamente decotado.

Sim, Paris e seu trabalho de demonstradora de Elisabeth Arden parecem bem distantes. De tempos em tempos, ela recebe na pensão uma carta melancólica de Mopse. A pobre querida suplica: "Volte logo e sobretudo não me engane." Em um cartão-postal desenhou uma Mopse que conta os dias e mesmo as horas, e cujo coração bem vermelho está em Zakopane junto de uma linda esquiadora... Ela tem um verdadeiro talento para o desenho e fez dois belos carvões representando Lotka.

Lotka sente-se tocada por aquelas cartas de amor e escreve-lhe amiúde. Mas nada iria perturbar as suas despreocupadas férias.

Nem mesmo as cartas de Jacques de Prévaux.

2

Conquista epistolar

Lotka conheceu-o um mês antes, na casa de Mopse, numa noite chuvosa de novembro de 1933. Os caminhos do capitão-de-fragata e da humilde esteticista, por mais bela que seja, tinham, todavia, poucas chances de se cruzarem...

Naquele momento, Lotka passava quase todas as *soirées* na casa de Mopse, às vezes as noites. Sua amiga Ruth acabou por apresentá-la à famosa Mopse cujas excentricidades estavam na boca de todos, aquela mesma Ruth que voltava de Cannes onde Mopse a tratara como uma princesa nos maiores palácios. Sua reputação apimentada tinha chegado até Vionnet: uma colega de Lotka, modelo como ela, fazia parte do círculo de fumantes de ópio de Mopse. Por sua vez, Lotka tinha ficado fascinada com o turbilhão de vida e de paixões que aquela jovem alemã representava e admirava, sem compreender como ela podia, ao mesmo tempo e com igual sinceridade, apaixonar-se sem cessar e manter o coração fiel aos dois homens de sua vida: o escritor René Crevel, de quem fora noiva por um tempo, e o pintor Carl von Ripper com quem tinha se casado em 1929. Crevel também se envolveu e eles levaram uma vida a três, bizarra sucessão de descidas aos bares homossexuais e fumadouros de ópio e de estadias nos saudáveis sanatórios da Suíça.

Certa tarde de novembro, portanto, Lotka estava na casa de Mopse quando um visitante tocou a campainha. Era um velho amigo de Berlim, contou ela fazendo as apresentações. Jacques, de volta a Paris depois de sua campanha no Extremo-Oriente, retomava suas relações com Mopse, a quem tinha feito a corte em Berlim. Depois da estadia em Berlim, onde os tinham convidado algumas vezes, os Prévaux continuaram a ver René Crevel e sua companheira Mopse. Como o escritor estava quase sempre na Suíça, os Prévaux na verdade encontravam-se mais com Mopse, que era amiga também de Gide, Éluard e circulava nos meios literários que eles também freqüentavam. A bem dizer, Lotka não entendeu muita coisa da conversação: ela se esforçava para se desviar daquele olhar ardente que a incomodava e perturbava ao mesmo tempo.

Lotka e Jacques não tiveram muito tempo para se ver. Alguns encontros, contudo, permitiram que travassem conhecimento, que encontrassem mil afinidades entre os dois; foram a um concerto, falaram de livros e prometeram rever-se quando Lotka voltasse da Polônia. Mas ela pouco sabe a respeito de Jacques. É um belo homem na força da idade, de sorriso encantador, um sedutor que não se esquece depois da primeira vez e que se quer rever. Seus olhos sobretudo fazem muito efeito e o modo que tem de olhar profundamente, como se a pessoa olhada fosse única. Mas há algo mais que a deixa perplexa. No decorrer da longa jornada que passou no trem entre Paris e Cracóvia, ela pensou muitas vezes nele, incomodada por não saber muito bem com quem estava lidando. Um sedutor, habituado aos sucessos fáceis? Sem dúvida nenhuma, percebe-se isso pela maneira de considerar as mulheres como conquistas já feitas. Mas sentiu nele também uma espécie de austeridade, uma reserva que contradizia as primeiras impressões e espicaçava sua curiosidade. Ele é de um calibre diferente das pessoas que ela está habituada a freqüentar.

Depois de nove anos de vida em Paris, a pequena polonesa aprimorou-se. Seu francês é impecável — à parte um leve sotaque que todos acham adorável — e a freqüentação da casa de Milan e Jeanne abriu-lhe as portas do mundo parisiense. Jeanne é jornalista e na casa deles Lotka cruza com escritores e críticos; timidamente de início, depois com segurança, ela se mistura às conversações e faz sucesso. Malraux, entre outros, fez-lhe vagamente a corte; certa noite, na casa de Lipp, ele tomou sua mão e, com grandes gestos, fez que iria ler seu futuro, depois empalideceu e nada quis revelar... Quando ela se levantou para ir retocar a maquiagem, ele confiou a Jeanne que sua cunhada teria um fim trágico. Graças a essa familiaridade com o mundo literário, Lotka descobriu um universo no qual se sentia à vontade. Inscreveu-se na Sorbonne e os cursos da Faculdade de Letras deram-lhe a cultura de que sentia falta. Mais que tudo, interessava-lhe a poesia. Escreveu com uma facilidade desconcertante páginas de alexandrinos impecáveis, no estilo de Paul Géraldy, em moda na época.

Jacques e ela encontraram gostos comuns, uma mesma atração pela literatura e pelas discussões intermináveis sobre a arte, a felicidade, o sentido da vida. Porém com uma seriedade nova para ela, que destoa dos propósitos mundanos do salão de Jeanne. Na véspera de sua partida, ele insistiu para que ela enfiasse na mala três ou quatro volumes de seus livros preferidos, e parecia dar muita importância a sua opinião. Ela se sente lisonjeada por estes sinais de interesse, mas daí a estar apaixonada... Pois trata-se certamente de amor, imediato, imperioso e urgente, e Lotka não está de acordo. Ela dá muita importância à sua liberdade.

Ora, as cartas de Jacques a incomodam. Para ficar em paz, ela não lhe deu o endereço da pensão Granit, contentando-se em fazer vagas alusões à posta-restante de Zakopane. Mas ela não imaginava que ele iria submergir as agências de correios da Polônia — Cracóvia, Zakopane, Jaroslaw, Varsóvia — de missivas febris e cotidianas. A primeira que foi retirar, entre duas descidas de esqui, deu-lhe prazer: é sempre agradável saber-se amada. Ela escreveu-lhe e sua breve resposta desencadeou uma torrente de cartas ardentes, impacientes, fazendo incansavelmente a mesma pergunta: "Você me ama? Poderá me amar um dia?" Ela ainda nem estava no trem e ele já esperava uma carta: "Já na primeira parada, em Viena, escreva-me as palavras que acalmarão minha febre." Jacques, exaltado pela paixão, desesperado com a separação, exige tudo, exige demais. Ele se dá conta, às vezes, e finge uma contrição que não experimenta: "Reprovo-me por importuná-la dessa maneira, impor-me com tanta insistência", para gritar, alguns dias mais tarde: "Como podes ficar tanto tempo sem me escrever?"

Aquele homem acabou tornando-se um importuno. Eles tinham passado apenas algumas noitadas juntos, ela nada lhe prometera, com que direito ele a perseguia até mesmo em Zakopane?, revolta-se a selvagem Lotka. Afinal, ela é livre! E não lhe escreve uma linha sequer. Aliás, falta-lhe também o tempo para isso: está ocupada da manhã à noite. E quando ele leva sua obstinação ao ponto de telegrafar-lhe (com resposta paga!): "Telegrafe se recebeu cartas. Entristecido silêncio. Eu a amo", ela responde com um seco: "Cartas recebidas. Segue resposta. Muito sensibilizada", e corre para encontrar sua coorte de suspirantes.

Foi em Jaroslaw que Lotka começou a fraquejar.

Jacques continuou a escrever, e ela tinha mesmo que ir retirar as cartas no correio. Pouco a pouco, ela foi ficando, por sua vez, impaciente: rasgava apressadamente o envelope no meio da rua cheia de neve, sem sequer retirar as luvas desdobrava as duas ou três folhas cobertas por uma escritura apertada — até frases atravessadas nas margens — e ei-la cercada por todas aquelas palavras de amor, aquelas frases de adoração ("Tu és TUDO o que justifica minha existência; todos os meus desejos esparsos, minhas aspirações desordenadas concentraram-se em ti; não sou mais, não posso mais ser senão um desejo exaltado de ti"), de súplica ("Estou me consumindo de ansiedade. A que cruel prova então me condenaste? Quando irás permitir que eu ainda tenha esperanças?"), de promessas ("A ti direi palavras doces e graves que penetrarão até o fundo de tua alma... Prometo-te uma vida grande e forte, levada em um sentimento apaixonado de nós mesmos até os altos píncaros banhados pela brisa, acima das mediocridades, das alegrias banais, dos afetos pobres e dos destinos humilhados").

Dia após dia, ela vê-se envolvida de ternura, coberta de declarações de amor, rodeada de hinos à sua beleza. Mesmo que ela não escreva mais que três palavras anódinas ou até que guarde silêncio, ele faz disso o seu mel, busca os acentos trágicos das grandes paixões. Todos os seus atos voltam-se contra ela em igual número de testemunhos de amor. Insensivelmente ela se vê amarrada como as presas que os insetos paralisam enrolando-os com seu fio sedoso. Como resistir a tão doce cerco?

Ela se defende, todavia, bravamente. Sua vida fácil lhe convém e lhe agrada permanecer disponível. Sair com Natacha, Mopse ou outras, fazer-se de doida nos bares de lésbicas, dançar, ouvir jazz, encontrar pessoas, ser cortejada bastou até então para satisfazê-la. Algumas ligações sem importância deram-lhe do amor a idéia de um sentimento agradável e transitório. Ela percebe muito bem que há outras formas de amar, mas, graças a Deus, do amor louco, da paixão devoradora e exclusiva ela fora até então poupada: ingenuamente, prometera a si mesma nunca se apaixonar. E as palavras insensatas de Jacques ("Bendigo o sofrimento que me virá de ti") a confortam em sua recusa. Tal violência faz-lhe medo, ela a rejeita com todo o seu ser.

Ao mesmo tempo, porém, à força de ler todas aquelas cartas acariciantes, algo de muito profundo acabou por despertar nela. E se for verdade este amor, esta felicidade de ser um só? Subitamente, ela tem apenas um desejo: estar de volta a Paris e rever Jacques para verificar aquilo que lhe sopra seu instinto e também, simplesmente, para se jogar nos seus braços e nunca mais deixá-lo. É nítido, evidente e definitivo. Como se uma cortina acabasse de cair, suas férias perdem bruscamente o valor, a Polônia torna-se pálida e tediosa. Gostaria de já estar em Paris. Ela fica alguns dias em Jaroslaw com os pais, mas decide queimar a etapa de Varsóvia. É uma nova Lotka que retoma o trem: Jacques fez seu cerco à força de cartas, ele travou, para vencê-la, uma batalha epistolar, e ela volta a Paris propriamente conquistada.

Ambos tremem de alegria e de medo. Jacques entra em pânico. Lotka escrevera: "O momento se aproxima em que eu vou te amar" — uma espécie de lítotes, sem dúvida. Mas depois, mais nada. Estaria arrependida da confissão? Ele passa por alternâncias de exaltação e desespero. Está convencido de que o primeiro olhar de Lotka decidirá seu destino: ele perde o sono. Em Paris, naquele mês de fevereiro de 1934, os confrontos são violentos; ele os atravessa como um sonâmbulo, não vendo ali senão razões suplementares para dedicar-se a seu amor. Repassa febrilmente a própria vida: tem 45 anos, é certo, mas soube preservar o que há de melhor em si, e de todas aquelas riquezas acumuladas, ele fará presente a Lotka; sim, ele é digno dela. Seu sonho só é perturbado pelo retorno a Paris de Blandine com as crianças, o que complica um pouco as coisas, pois Lotka não poderá telefonar para a casa dele.

E se ela o amar, ah! Se ela o amar! Como poderá ele fazer face à exigência de uma paixão assim? Ele se sabe tímido diante dos grandes sentimentos; ele, o sedutor cujos olhares charmosos bastavam para fazer ceder as mais belas mulheres, é no fundo, ele o descobre agora, pudico. Aquelas palavras mágicas, aqueles impulsos, aquele lirismo com os quais cobria páginas e páginas, ele não ousará pronunciá-los diante dela.

Quando Lotka desce do trem na Gare de l'Est, Jacques está na plataforma, pálido e desfeito. Eles terão apenas o tempo suficiente para abraçarem-se e sussurrar que se amam, sim, de verdade e para toda a vida, e logo Jacques, enfim nomeado para um posto de comando, parte por dois anos para Rochefort.

3

Rochefort

Depois de oito anos passados em Berlim, depois na China, Prévaux refez contato com a Aeronáutica Naval. Em Cuers-Pierrefeu, ele comandava uma base em que os dirigíveis ainda tinham um papel a desempenhar, mas esboçava-se já a evolução da Aeronaval para outros tipos de aparelhos: hidroaviões e aviões embarcados. Em 1934, a base de Rochefort é a última que ainda utiliza dirigíveis, uma meia dúzia de vedetas, de escoltadores e de protótipos semi-rígidos. É também uma base de aviação e sobretudo um centro-escola para a formação dos oficiais-pilotos de dirigíveis — os últimos serão brevetados em 1936 — e do pessoal não oficial: pessoal de carga e mecânicos de aeronáutica.

Jacques reencontra com alegria o cenário familiar e heteróclito das bases de Aeronáutica Naval: os hangares Picketty e outros abrigos gigantescos na medida dos dirigíveis, seus anteportos, as usinas de hidrogênio, as canalizações, a estação de TSF, o mastro de amarração dos dirigíveis. E os barulhos típicos das saídas de aeróstatos: o som das botinas dos duzentos marinheiros da equipe de manobra que, ao soar do clarim, correm a retirar o escaler do hangar, mantendo-o no chão até ouvirem o "largar tudo!" ordenado pelo comandante, a ducha fria do leste que cai em meio às pragas abafadas e, enfim, o murmúrio tranqüilo, apenas perceptível, do "couro de vaca" que se eleva suavemente no céu.

Estes "couros de vaca" — termo afetuoso que designa os dirigíveis pelo aspecto de seu envelope em espessa borracha amarelada — tinham na maioria pelo menos uma quinzena de anos de bons e leais serviços prestados, o que provava sua solidez. Em Rochefort, os protótipos "revolucionários" ainda estavam, aliás, em fase de teste, tais como as vedetas V-11 e V-12, comandadas pelo tenente de Brossard. Ele será o último piloto de dirigível e sua V-12, um dirigível leve carenado em forma de trevo com cinqüenta metros de comprimento, fará sua última incursão em 1937. Jacques pilotou várias vezes aquela máquina particularmente rápida e sensível, o modelo mais competitivo usado pela Marinha francesa — e que não teve seqüência.

O almirante de Brossard é até hoje muito grato a Prévaux, que o apoiou em seus esforços para obter dos serviços técnicos a autorização para que seus protótipos ganhassem os ares. À diferença dos engenheiros que o tomavam por um visionário, Prévaux ouvia a explanação de suas invenções com benevolência. Ele defendia seus homens e, o que é muito raro em um comandante de centro, não se sentia obrigado a frear seu espírito de aventura. Brossard recorda, por exemplo, a compreensão de que ele deu provas depois de uma memorável escapada num balão livre. Foi em fevereiro de 1935: colhida por uma tempestade, a aeronave, com uma tripulação de cinco homens, foi ao chão bastante brutalmente perto de Béthune depois de um vôo de sete horas.

Brossard, o piloto, era culpado de ter mantido a saída apesar das previsões desfavoráveis da meteorologia. Prévaux foi a Paris defender a sua causa e fez um relatório indulgente: "Excesso de espírito esportivo, facilmente desculpável nos jovens oficiais."

Mas os aeróstatos viviam seus últimos dias. A Marinha dava preferência aos aviões embarcados e sobretudo aos hidroaviões. Os construtores multiplicam os protótipos e aviadores audaciosos arriscam-se em máquinas ainda incertas na travessia da África ou dos oceanos. Nungesser e Coli, Costes e Le Brix, Bonnot, Mermoz decolam em hidroaviões de exploração construídos para a Aeronaval. Na base de Rochefort, os pilotos fazem treinamento em aparelhos tão variados quanto os bem-sucedidos e populares Potez 25, os CAMS 37 (biplanos com casco, o mesmo modelo que, em 1926, fez a ligação entre Berre e São Luís do Senegal), os FBA 17 e mesmo como pilotos de provas de um aparelho bizarro denominado "autogiro", que não foi desenvolvido, mas que é considerado como um ancestral do helicóptero. O comandante da base, é claro, voa menos que os pilotos, pois suas funções são outras, mas para ele é um dever e uma alegria pilotar, ele também, aqueles múltiplos aviões, o que é muito diferente da manobra de um balão ou de um dirigível.

Prévaux está, portanto, sobrecarregado de trabalho. Ele tem que comandar e animar mais de mil homens na base, presidir as comissões, organizar os conselhos de direção dos construtores aeronáuticos, ordenar inspeções, redigir relatórios e passar as tropas em revista. Em uma só manhã, anota ele com orgulho, recebeu dezessete visitas, instaurou a semana de quarenta horas, fez uma inspeção, escreveu dez relatórios e aplicou 150 assinaturas. Seu espírito ordenado e meticuloso o leva a fazer sempre mais que o estritamente necessário. Sua obsessão: não deixar para amanhã o que pode fazer hoje. O responsável por seu secretariado assegura que "era um verdadeiro prazer ver desfilarem no mínimo de tempo todos os negócios pendentes". Mas ele está em seu habitat: comandar é sua principal aptidão. Ele, que sempre teve tanta dificuldade para se expor, sabe naturalmente estabelecer contato com seus homens, passando-lhes ao mesmo tempo o sentimento de autoridade e de benevolência. Reputado um carrasco do trabalho, ele exige muito, mas tempera o rigor da disciplina com uma atitude compreensiva. Suas maneiras sempre afáveis garantem a estima e a afeição de seus comandados; as mais severas inspeções parecem menos temíveis quando são feitas por um comandante que tem sempre uma das mãos enfiada no bolso: "Isso lhe dava uma imagem simpática", observa o marinheiro Camille Migaud, do setor de carga da Aeronáutica. Seu carisma era percebido por todos. Quando de sua partida, recebeu de seus homens "testemunhos completamente inusitados de afeição".

Ao trabalho propriamente dito, acrescentam-se obrigações sociais de uma cidade sede de base militar onde a vida é cuidadosamente organizada com atividades quase obrigatórias: culturais (concertos, grupos de teatro em turnê, cinema) e esportivas (tênis, caça); obras de caridade; ritos burgueses tais como o *bridge* semanal ou os jantares íntimos, em *petit comité.* Se juntarmos a isso o apoio de praxe às manifestações do aeroclube, as incontornáveis cerimônias como o discurso de distribuição de prêmios no Liceu de Rochefort, a festa anual da tripulação com jogos e baile e as recepções em honra do almirante em viagem de inspeção, podemos ver que a vida mundana de Jacques era bem fornida. Ele cumpre estas obrigações com facilidade e cortesia. O jornal local dedica uma coluna à sua partida, saudosa "daquele homem de gosto afável e reservado, letrado sutil, que traía pelas maneiras, pela linguagem, pelo espírito uma distinção inata... As autoridades civis e os outros notáveis da cidade gabam-se das relações que mantiveram com ele e louvam o tato que ele manifestou sempre".

Em Rochefort, os Prévaux moram em uma bela mansão cercada por um jardim e levam uma vida familiar mais ou menos normal. As meninas, que têm nove e treze anos, têm enfim o pai perto delas; a governanta cuida sempre delas — a fiel "Miss" que entrou na família para tomar conta da mãe delas quando bebê e nunca mais saiu, nem mesmo de férias. Quanto a Blandine, ela se aborrece enormemente na pequena cidade de província: nada tem em comum com as outras esposas de oficiais com as quais deveria conviver, e os episódios mundanos da Marinha são para ela insuportáveis corvéias. Ela toca piano, termina seu livro sobre Mussolini e escapa sempre que pode para Paris, onde encontra sua amiga íntima, Charly.

Aquela imagem de um lar harmonioso é somente uma fachada. Já em Berlim não havia mais um vínculo verdadeiro entre Jacques e Blandine e as relações do pai com as filhas são marcadas também por esta reserva, o que faz Jacques sofrer. E, sobretudo, existe Lotka.

4

Vida dupla

Jacques pensa o tempo todo nela. Aquele trabalhador incansável espanta o contra-almirante reivindicando todas as licenças a que tem direito e corre para Paris, direto para os braços de Lotka. É uma festa de alguns dias, com os quais eles sonham até com três meses de antecedência. Na medida em que a data se aproxima, Jacques não consegue mais dormir de excitação, Lotka é tomada pela fraqueza; e se a licença fosse revogada, ou adiada? Ela é presa de um desespero cuja intensidade inquieta Jacques.

A seu lado, o severo capitão-de-fragata torna-se alegre, jovem, mais do que jamais o fora, frívolo até: se interessa pela moda, pela dança, pela poesia, em suma, por todas estas futilidades. Ele tem 46 anos, mas confessou-lhe apenas quarenta; a mentira deve ser credível, pois Lotka comenta com orgulho que seus amigos não lhe deram mais de 35. Ele cresceu com uma educação rígida que desconfiava da sensibilidade e condenava a carne; fechara-se sob a pressão maiúscula dos Valores Morais e do Sentido do Dever. O amor o estava liberando de um certo número de vergonhas e dando-lhe a confiança em si que uma sucessão de aventuras não poderia favorecer. Enfim feliz, ele relaxava e desabrochava. Amava e era amado pela primeira vez.

Depois disso, é com tristeza que ele retoma o trem para Rochefort. Assim que a porta de casa se fecha, a Lotka alegre e tão cheia de amor se apaga como uma vela, e torna-se uma mulher arrasada que desaba em lágrimas, desamparada, incapaz de viver sem Jacques. Assim que desceu as escadas, ele enfiou na caixa de correio uma missiva de amor, outra no correio da estação e depois, no trem, ele ainda escreverá palavras apaixonadas de encantamento e acalanto: "Nós faremos recuar os limites da felicidade!" Seus dois anos de serviço em Rochefort passam sem que eles tenham podido subtrair para viverem juntos mais que três dias aqui e ali, uma semana na Páscoa, dois dias no verão, ainda alguns mais no outono.

Eles vivem de palavras de amor, cartas dilacerantes e telegramas loucos. Um dia sem carta e é o desatino; uma carta curta demais, a angústia. Jacques espreita o encarregado do correio; retarda os exercícios até a distribuição da correspondência e a cerimônia tão bela da bênção do mar lhe parece interminável, pois ele tem nas mãos um almirante da reserva e não dispõe de um segundo sequer de isolamento para ler a carta de Lotka. Contudo, ele se entrega plenamente a seu trabalho e suporta melhor a separação; ele é também mais intelectualizado e a escritura cotidiana à bem-amada proporciona-lhe uma certa satisfação. Já Lotka é frágil e as alternâncias de felicidade e aflição esgotam-lhe os nervos. O trabalho como demonstradora de produtos de beleza de Elisabeth Arden é enfadonho; maledicências e calúnias são moeda corrente; mandam-na a Marselha justamente quando Jacques vem a Paris e, ademais, ele é terrivelmente ciumento. Ela não compreende por que ele não se divorcia, e não acredita em seus protestos de amor, em suas promessas de uma felicidade sempre futura. Em uma tarde de fevereiro, ela desce para enviar um último pedido de socorro (será que ele vai responder mais uma vez com belas frases ou virá finalmente viver a seu lado?) e engole dois tubos de soníferos.

Naquele dia Jacques teve muito medo de perdê-la. "Se é preciso partir, nós partiremos juntos, enlaçados", escreve, "mas antes vivamos, e depois de nossa morte, pois, embora natural e distante, ela será comum, eu tenho certeza, nós estaremos unidos para sempre, confundidos no ciclo de renascimentos nos quais minha alma budista crê." Mas Jacques acaba por compreender que suas palavras não bastam mais para fazer com que Lotka viva, que o casulo sedoso que ele tece para ela todas as noites não a protege mais contra a atração da morte. Ele não quer deixá-la e, como o momento de deixar Rochefort se aproxima, ele procura um posto em Paris.

Encontrar uma designação digna de suas qualidades, à qual suas notas sempre excelentes dão-lhe direito, não deveria ser muito difícil. O almirante Walser, comandante da Marinha em Rochefort, como todos os superiores de Prévaux, anotou em seu dossiê: "Oficial de elite". Dadas a sua idade e a sua carreira, uma escolha se impõe naturalmente: o Centro de Altos Estudos Navais (CHEN) que, a justo título, é chamada de "a escola dos almirantes". A cada ano, este prestigioso instituto dá a uma dúzia de "ouvintes" os mais brilhantes oficiais superiores, a visão estratégica de conjunto que permitirá que obtenham suas estrelas. Jacques se inscreve como candidato. Como escreve ao almirante Darlan, chefe do

Estado-Maior da Marinha, "tendo ficado, em razão dos acasos da carreira, afastado da Esquadra e da Doutrina, nada pode ser mais oportuno para mim que receber tais ensinamentos". Suas qualidades, sublinha ele, o levam aos postos de organização e de alto Estado-Maior, onde pode servir à Marinha com eficácia. Seu pedido é apoiado por seu chefe direto, o almirante Walser, pelo almirante Castex, assim como pelo antigo ministro da Marinha, François Pietri: seu sucessor na rua Royale, o senador Gasnier-Duparc, também será favorável.

Único problema: aos 46 anos ele está acima do limite de idade; razão a mais, argumentam seus chefes, para dar outra acelerada em uma carreira excepcionalmente brilhante (capitão-de-corveta aos 35 anos, capitão-de-fragata aos 39) e que parece bloqueada neste último posto. Alguns rumores deixam Jacques temeroso de que histórias antigas — o ópio fumado durante a guerra, o infeliz incidente de Berlim — entravem seu avanço; asseguram-lhe, no entanto, que tais pecadilhos já foram completamente esquecidos. Descobre, em compensação, que o almirante Berthelot não o havia julgado, na China, tão elogiosamente quanto seria desejável: "um caráter pretensioso" anotara ele, e colocara tal apreciação, preto no branco, em seu dossiê. Berthelot, de fato, criticava Prévaux por ter feito uma análise das relações de força sino-japonesas diferente da sua. Depois de uma explicação franca, o ministro e o almirante Darlan rendem justiça a Prévaux, que é nomeado, por derrogação em virtude da idade, ouvinte no CHEN. Ao final de seu estágio, em julho de 1937, é promovido a capitão-de-mar-e-guerra e admitido sem problemas como ouvinte para o ano seguinte —1937/1938 — no Colégio de Altos Estudos de Defesa Nacional, que constitui a seqüência natural da "escola dos almirantes".

As sessões de tais institutos desenrolam-se em Paris, mas são precedidas por estágios práticos. No outono de 1936, Prévaux dirige-se a seu porto de matrícula, Toulon, para passar várias semanas fazendo e comentando exercícios noturnos de defesa das costas, de travessias em submarino, de tiros aéreos e torpedeamentos, de vôos em hidroavião. Como ele estava certo ao querer integrar o CHEN! Por um lado, desde o primeiro dia de estágio, ele percebe sua própria ignorância no domínio essencial da doutrina de defesa; suas noções de tática, por outro lado, remontam a tempos muito antigos. E se ele tem alguma familiaridade com esta nova arma que é a aviação, é mais como piloto do que como estrategista. Certamente, ele tem uma desculpa: há dez anos, suas designações para Berlim e para a China o afastaram da França e orientaram-no muito mais para a diplomacia, a campanha de guerra e o comando de uma base. Mas ele se vê misturado a oficiais de sua patente que sabem mais que ele, uma situação totalmente nova — ele sempre fora o primeiro da classe — e muito desagradável para seu orgulho.

Jacques trabalha sem parar para preencher tais lacunas. Quando sua jornada chega ao fim, o corpo fatigado pelo ritmo intensivo dos exercícios e das conferências, a cabeça cheia de noções novas, ele leva para o quarto uma pilha de dossiês e passa uma parte da noite estudando. Ele quer ser o primeiro. Criança ainda, ele já se prometia "só viver e amar no topo". Ele está consciente agora de seu valor, e ainda mais orgulhoso por atribuir a si mesmo o mérito pelo sucesso: sua família, seu meio, nada tiveram a ver com isso. "Meu espírito, minha inteligência, meu valor, o que há de nobre e orgulhoso em mim, tudo isso me pertence com propriedade." É preciso, portanto, ser o primeiro para conservar o amor-próprio, para provar a seus chefes que tiveram razão em confiar nele, para que Lotka fique orgulhosa dele; e porque os Trolley de Prévaux são sempre os primeiros. Ele afirmara a Daniéla, sua irmã mais velha, quando ela entrou na escola: "Considerando quem são teus pais e teus avós, deves estar entre as três primeiras."

Em Paris, onde os ouvintes da "escola dos almirantes" se encontravam na avenida Octave-Gréard, o trabalho é menos exigente. Os cursos de estratégia ("A expedição dos Dardanelos") ou de tática aplicada ("Os ataques noturnos por navios torpedeiros"), as exposições sobre os gases de combate são realmente interessantes. Os ouvintes assistem a inúmeras conferências, algumas delas brilhantes, como a do almirante Castex sobriamente intitulada "De Gengis Khan a Stálin, ou as vicissitudes de uma manobra estratégica". Além disso, Prévaux tem a felicidade de ver seus esforços frutificarem e já recebe felicitações pela conferência que, quando chegou a sua vez, ele deu sobre "A evolução do plano estratégico marítimo alemão de 1914 a 1918; sua ligação com a estratégia geral".

Enfim e sobretudo, ele está perto de Lotka, pode vê-la todos os dias, cobri-la de *pneus*, as minúsculas cartas entregues na mesma hora. Nesse ritmo, ele pode até escrever várias vezes por dia... No começo, ele leva sem muitos escrúpulos a clássica vida dupla dos homens casados que têm uma ligação; escapa à noite para mandar discretamente suas cartas e às vezes nem volta para o Quai de Passy.

Mas Lotka não está feliz. Ela é muito inteira para partilhar Jacques, muito apaixonada para se satisfazer com algumas horas roubadas de seu lar legítimo. Desde o mês de maio de 1937, ela não tem mais trabalho e as preocupações financeiras a oprimem. Seus pais, exilados em Paris há alguns anos, vivem na miséria; acabaram de ter o gás cortado por falta de pagamento; ela se rói por dentro por não poder ajudá-los e nada pode esperar de Jacques, que não tem fortuna pessoal e tem que sustentar, apenas com seu soldo, mulher e filhas. A mãe de Lotka, Bertha, aquela patroa tão enérgica do Chic Parisien de Jaroslaw, suporta sem reclamar o desenraizamento, a agitação da capital, as privações; os Leitner são uma gente corajosa, cuja divisa poderia ser: resistir. Mas Bertha desola-se ao ver a filha definhar: ela continua bela, sim, mas que aspecto desanimado, um ar abatido que faz pena... Uma decepção de amor, sem dúvida, e no entanto sua linda filha vale mais que aquele homem casado que não se decide pelo divórcio. A bem dizer, Lotka está perdendo seu tempo com ele, há tantos homens que poderiam fazê-la feliz.

Feliz com outro que não Jacques? Impossível. Inconcebível. Lotka protesta com todo o seu ser. Na verdade, feliz ou não, depois de uma certa tarde de novembro de 1933 — quatro anos já! — seu destino está ligado ao de Jacques, ela sabe disso. Depois, à força de passar os dias em seu apartamentinho no Quartier Latin olhando estupidamente as fotos de Jacques espetadas na parede; à força de esperar, não as suas cartas, mas ele mesmo, que com um olhar a fará derreter-se de ternura e esquecer todas as suas dúvidas; à força de explodir em soluços porque ele se foi; à força de ser aconselhada a ter paciência; à força de tanto sofrimento, ela decide romper. Ela não está cansada dele — como poderia? —, ela não deixou de amá-lo, simplesmente sua saúde mental está em jogo. Ela viajará, irá aos Estados Unidos, onde já estivera antes, voltará à Polônia, a Zakopane. Graças a Deus ela ainda tem amigos que só ficarão felizes em recebê-la. Talvez com o tempo, ela consiga esquecer... Em qualquer caso, nada de cartas. E, para mostrar que é sério, ela lhe devolve as suas.

Profundamente desamparado, Jacques aquiesce e promete não dar mais sinal de vida. E consegue fazê-lo por três meses, vagando como um louco, passando as noites sob as janelas de Lotka. Ele não consegue suportar a separação; a simples idéia de não vê-la nunca mais é intolerável. Repete para si mesmo pela enésima vez que é preciso ter paciência e esperar que Blandine aceite o divórcio. Ele começou a falar-lhe do assunto quando eles ainda viviam em Rochefort: ela alternava ameaças (de arruinar sua carreira e sua honra) e súplicas, lembrava-lhe de que ele não tinha um tostão de seu e assim resistiu bravamente durante dois anos. Nem por isso Jacques voltara para ela, e nada parecia conseguir afastá-lo da amante.

Da amante ou, ainda mais depreciativo, "daquela criatura" — era assim que certos membros da família designavam Lotka. "Uma mulher sem fé nem pátria, não tendo de seu mais que o próprio corpo, poeira vulgar, lixo futuro", cospe uma velha tia, sem dúvida um espírito puro. Uma outra tenta recolocar o sobrinho no justo caminho das leis morais, isto é, das ligações discretas: "Eu sei muito bem que tu não és um santo" (isso não tem importância), "mas que covardia de tua parte!" (Difícil continuar seguindo a lógica do raciocínio.) No fundo, todos julgam que o pobre Jacques é uma vítima, que quem deve ser condenada é "a vilania de uma mulher que sequer é de tua raça nem de tua religião, desprovida de senso moral, pois não teve medo de enfeitiçar-te desta maneira" (Diabo). Os mais comedidos preferem pensar que Jacques está doente. Como explicar este escandaloso divórcio senão pela bruxaria ou pela doença, o paranormal ou o patológico? Apenas seu primo Roland de Margerie compreende Jacques. Divertido no começo, e intrigado por esta nova ligação, descobre com espanto a sua duração e percebe que desta vez trata-se mesmo de amor — e aflige-se com o estado mental e psíquico do primo. Será que ele ousará mesmo chegar até o divórcio? Roland inveja e admira seu "velho irmão" por ter ousado. "É com um alívio verdadeiro que soube que estás decidido a dar o grande passo!" Ele adivinha seus problemas financeiros e prontamente compra-lhe alguns quadros de bom preço.

No outono de 1938, Blandine finalmente concorda com um divórcio por consentimento mútuo. O processo começa. O procurador de Prévaux segue o caso e considera que ele deve acabar nos melhores prazos, ainda mais que Jacques concordou com todas as condições da esposa: sim, ela poderá manter seu nome de casada; sim, ficará com os móveis... Ele sente apenas desprezo pela "mesquinhez de espírito" daquele ambiente e recusa-se a discutir por causa de colheres de prata. Logo estará livre; sem um tostão, mas que importa? Na verdade, com as audiências de reconciliação transformadas em discussões amargas, as coisas ainda se arrastariam longamente. O divórcio só seria pronunciado em 1939, às vésperas da guerra.

Quando for notificado, Prévaux estará em Dakar.

5

No *Duguay-Trouin*

Toulon, 12 de agosto de 1938: Prévaux sobe a bordo do cruzador *Duguay-Trouin*, do qual acabou de ser nomeado comandante. Entrando a bordo e depois inspecionando os marinheiros enfileirados em posição de sentido, ele recorda um outro *Duguay-Trouin*, o cruzador-escola no qual, jovem aspirante recém-saído da Escola Naval, ele fez seu cruzeiro de aplicação ao redor do mundo. Imaginava ele que, trinta anos mais tarde, seria ele a dirigir, da poltrona do paxá, as manobras? Aos vinte anos, fica-se tão facilmente deslumbrado, sonha-se com carreiras em ritmo acelerado, com promoções fulgurantes; ele não previa ter que esperar tanto tempo.

Depois de uma dezena de anos de atividade na frota, o *Duguay-Trouin* transformou-se em navio-escola designado para a escola de artilharia de Toulon. E aí termina a semelhança com seu homônimo do começo do século. O cruzador de oito mil toneladas que Jacques comanda é um navio moderno, dotado de excelentes qualidades náuticas. Sem forçar suas oito caldeiras, ele desloca-se à velocidade impressionante de trinta nós. Suas dimensões — 181 metros de comprimento, dezessete de largura — permitem que embarque um equipamento correspondente em artilharia pesada. Cerca de seiscentos homens compõem a tripulação, entre os quais 26 oficiais. Durante dez meses ainda, o *Duguay-Trouin* fará parte da divisão de instrução da esquadra do Mediterrâneo e suas navegações ficarão limitadas a modestas cabotagens entre Toulon e as ilhas de Lérins, para tiros e exercícios entremeados de revisões e testes.

Aquele barco era um mundo, com escadas que não acabavam mais. Comandar um navio daquele tamanho no mar não era uma sinecura, sobretudo para Jacques, cuja experiência em navegação não era considerável: até então ele havia comandado apenas uma canhoneira e um aviso. Por causa do mau tempo, ele teve que enfrentar em três dias, além do mais, todas as dificuldades que outros comandantes levam meses para conhecer. Os oficiais do *Duguay-Trouin* gostavam muito do antigo comandante e duvidavam da competência de seu substituto, que havia passado quase toda a carreira em terra: eles previam que Prévaux seria, sem dúvida, um comandante aceitável, mas certamente não um "marinheiro". Mas Jacques venceu, é claro, o desafio. E ficou orgulhoso por ter conseguido realizar manobras delicadas ou por ter demonstrado arrojo. Assim foi por ocasião de um exercício de tiro ao largo das Salins d'Hyères: a chuva é execrável, o mar se abre e o vento engrossa? Perfeito, vamos em frente! "Eu resisti bem. Todos os meus oficiais me esperavam, e desejavam que eu voltasse logo para o ancoradouro. Eu os mantive mais uma hora no vento, continuando a forçar para assentar bem minha autoridade. É uma dura e rápida aprendizagem, mas creio que a bordo já me tomam por um 'marinheiro', o que é um sucesso."

Uma semana depois de ter assumido o comando — "uma cerimônia bonita e muito emocionante, a inspeção de toda a minha tripulação no convés imaculado, todos aqueles marujos tão limpos e que olham direto nos olhos com uma tal franqueza e um já tão grande devotamento" —, Prévaux se sente em casa. Instalou-se no suntuoso apartamento vermelho e negro do comandante, desfez suas caixas, tirou seus pacotes de livros, alguns bibelôs chineses e retratos de Lotka, conseguindo atenuar a solenidade da mobília estilo Império. E recomeça a fazer aquilo que todos os marinheiros fazem no mar, a aspirar o vento, a falar do tempo. Trabalha como um forçado, lê Rilke e Péguy à noite, estuda na mesa as publicações de política estrangeira para compreender a crise tcheca. Ele já tem seus oficiais na palma da mão, simplesmente por seu fascínio. Ama seu navio, sua tripulação e, como o divórcio está correndo, logo Lotka poderá ser sua mulher.

Durante este tempo, a Europa vivia no ritmo das gesticulações de Hitler e do apoio que ele finge dar à paz. A anexação da Áustria em março de 1938 não suscitou muita emoção em uma França mais preocupada com as mudanças de governo e os problemas sociais. A tensão aumentou mais um ponto em setembro, quando da crise dos sudetos. Lotka, assustada com a violência dos discursos de Hitler no Congresso de Nuremberg, está persuadida da eminência da guerra e tenta retirar os pais de Paris; Jacques a tranqüiliza: trata-se de um blefe, Hitler não vai se arriscar, contra a opinião de seus generais e almirantes, a uma guerra perdida de antemão. Ademais, os diplomatas ocupam terreno, Paris e Londres farão com que Praga ceda ainda mais se for preciso e tudo farão para evitar a guerra, mesmo que Hitler invadisse a Tchecoslováquia... o que é um retrato totalmente impregnado pelo estado de espírito "muniquense" que dominava a política exterior francesa e a britânica. Pouco depois, o sucesso da Conferência de Munique tranqüiliza a opinião pública sobre as intenções da Alemanha; o apetite do ogro parecia ter se acalmado: será que a firmeza exibida por Daladier, que sucedeu Léon Blum no cargo de presidente do Conselho, é mesmo eficaz?

Foi preciso o golpe de Praga, em março de 1939, e a entrada dos tanques na Tchecoslováquia para que o espectro da guerra surgisse de novo, e ainda mais ameaçador. O *Duguay-Trouin* está em plena revisão geral em Toulon, num desses períodos de reparações e regulagens que imobilizam os barcos durante vários meses. Em junho, no quadro de uma reorganização das forças navais, uma 5ª Esquadra é criada, com Lorient como base. O *Duguay-Trouin* faz parte dela e dirige-se para a Bretanha; ainda é previsto que ele sirva de navio-escola. Mas no decorrer dos dois meses que se seguem, as ameaças à paz se agravam. Depois da Tchecoslováquia, a Polônia é o alvo e as últimas tratativas parecem cada vez mais incapazes de impedir a abertura das hostilidades. No dia 25 de agosto, a 5ª Esquadra opera sua concentração em Brest; o *Duguay-Trouin* embarca seus 24 torpedos e substitui seus aprendizes-canhoneiros por uma tripulação de combate. No dia 30, Prévaux recebe a bordo o contra-almirante Moreau, que comandará a esquadra, e parte para Dakar. Quando ele lança âncoras a Alemanha já invadiu a Polônia e a França e a Inglaterra já entraram em guerra.

Lotka não quis assistir ao aparelhamento do cruzador. De qualquer forma, Jacques fora chamado de Carnac, onde ia encontrá-la após o serviço; ela não o veria mais e ele, visivelmente, estava com a cabeça em outro lugar: melhor retornar a Paris. Ela detesta partidas, trens, despedidas no cais, guerras, a Marinha, os navios que soltam suas amarras e levam o seu Jacques adorado... Mais uma vez, ele a deixara; como tantas outras vezes, ela se sente aniquilada. O que vai ser dela agora, sozinha em Paris? O instituto de beleza onde encontrara trabalho fora comprado por uma sociedade americana e todo o pessoal despedido. Seis meses depois ela ainda não tinha um emprego e se enregelava em casa à espera da clientela pessoal que conquistara. Mas o período não era propício aos cuidados de beleza. Ela não tem mais dinheiro e, para economizar o preço de um aluguel, vive na rua Legendre com os pais. Pelo menos, com eles pode falar sobre seu bem-amado; à parte isso, ela se fecha, lê, não sem dificuldade mas conscienciosamente, a *Histoire de l'armée allemande* e *La vie de Jésus*; não vê mais ninguém — Jacques é tão ciumento e ademais ela não tem mesmo vontade de sair: vive da espera de sua carta cotidiana e cobre páginas e páginas com sua grande escritura elegante.

Ela não se habitua a estas separações, que são sempre um novo dilaceramento e a deixam como morta. Ela o ama de um amor desmesurado, absoluto, com impulsos apaixonados, decisões de morrer junto com ele, angústias e juras loucas. Dia após dia, ela reafirma que é sua escrava, que quer tudo, que o ama mais e mais, mas que isso ainda não é nada, ele verá quando estiverem juntos novamente... Mas, por piedade, que ele lhe escreva todos os dias senão ela morre, e que exija de seu almirante uma licença, pois, é fato, ela não pode viver sem ele.

Mas desta vez, o afastamento, embora sempre doloroso, é menos trágico. Para começar, Lotka torna-se pouco a pouco uma mulher de marinheiro. Assume a estatura daquelas viúvas de outrora, que espreitam no vento, hieráticas e resignadas, o retorno de seus homens. Ela se preocupa com as condições meteorológicas, treme porque leu no *Paris-Soir* que há tempestades no Mediterrâneo e que a esquadra teve que interromper seus exercícios e refugiar-se em Ajaccio — ela teve tanto medo "não por causa de tuas manobras, bom Deus, não, sei que és admirável, mas por causa desse barco que não é muito sólido". Ela treme ao ler a descrição inflamada que ele lhe faz de suas trinta horas de combate contra os elementos em fúria e o repreende ternamente: "Amado meu, mais uma vez saíste para o mar. Sabes, no entanto, que eu não gosto nada disso. Prefiro quando ficas tranqüilo em teu canto. Não recomece." Pouco a pouco, as questões sobre o estado do mar misturam-se em suas cartas aos "amar-me-ás para todo o sempre?".

O divórcio foi enfim deferido; ela se sente tranqüila a respeito do amor de Jacques — se é mesmo possível que tão louca paixão pode algum dia estar tranqüila o bastante — e de sua vida em comum "pelos próximos quarenta anos". Desde que o processo começou, em novembro de 1938, ela tinha esperanças de poder casar com Jacques na primavera seguinte. Apresentou-o a seus pais. Muito emocionado, ele pediu-lhes solenemente a mão da filha: "Faço-me um dos seus", disse. Bertha e Isidore caíram sob seu charme e transbordam de gratidão pela felicidade que ele dava a sua Lotcienka; ele tem para eles tesouros de afeição filial, reprimida depois da morte de sua mãe e que só agora ousa exprimir. Mas a instrução do divórcio arrastou-se ainda, e o julgamento só foi concluído em julho de 1939, alguns dias antes das férias judiciárias.

Por certo, ainda é preciso ter paciência até o casamento, sobretudo para esperar a homologação do divórcio, pois Jacques terá que obter da Marinha a autorização para voltar a se casar. Mas agora ele está livre. "Quando nos casarmos", escreve Lotka, "eu te seguirei por toda parte, e isso será ademais meu direito absoluto, e mesmo meu dever. Tu não me escaparás mais, não te deixarei nem um segundo, mesmo se houver guerra. Eu irei a bordo, disfarçada de marinheiro (as calças compridas caem-me muito bem); serei teu criado de quarto e partilharei teu leito. E, às vezes, à noite, gritos serão ouvidos vindos de teu apartamento — irão te tomar por aquilo que não és. Haverá queixas nos altos escalões, mas como és um gênio e a Marinha não pode passar sem ti, eles fecharão os olhos e as orelhas e eu poderei continuar a gritar de felicidade."

Em Dakar, o *Duguay-Trouin* reencontrou o *Primauguet*, outro cruzador da mesma categoria. Durante um mês, eles constituirão a 6ª divisão de cruzadores da 5ª Esquadra, cuja missão é escoltar os navios franceses, cobrir os comboios ingleses em deslocamento e patrulhar em busca de barcos inimigos. Sua área de caça é vasta: limitada ao norte pelas Ilhas Canárias, encontra a Serra Leoa e estende-se para o oeste até o 30º meridiano, *grosso modo*, bem no meio do Atlântico. Eles visam interceptar cargueiros alemães refugiados na África que tentam chegar a seus portos, como o *Amasis* e o *Chemnitz* (este último será capturado); às vezes encontram presas de maior porte: o porta-aviões (civil) da Lufthansa *Ostmark*, o cruzador auxiliar *Altmark* e até o rápido e mítico cruzador *Graf Spee*. Estas missões de interceptação nem sempre dão frutos. Mesmo quando são usados meios importantes, alguns navios alemães conseguem passar através das malhas da rede. Perceber, entre o Brasil e a costa ocidental da África, um navio que se sabe procurado é mais ou menos como procurar uma agulha num palheiro. Foi assim que o paquete alemão *Windhuk* conseguiu escapar de uma operação conjunta franco-britânica, que contava, no entanto, com a participação de três cruzadores e dois contratorpedeiros franceses e de um porta-aviões inglês.

Prévaux vive então na ponte, na atmosfera úmida e pegajosa das zonas equatoriais; ele poderia se estender em um estreito catre em seu quarto de vigília, mas o comandante deve estar sempre à espreita, pronto para saltar junto aos oficiais de plantão ao menor alerta. Estas navegações, esgotantes pelas noites de vigília e pela tensão nervosa, e muitas vezes frustrantes, alternam-se com períodos de pretenso "repouso" no porto, onde se tem que fazer uma revisão no barco, passar pelas inspeções de praxe e redigir os relatórios de patrulha. A estação das chuvas envolve o Senegal em um vapor quente, e nas cabines sufocantes do barco de aço, onde a temperatura atinge os 35°, vigias fechadas por causa dos mosquitos, o sono é impossível. Outro problema vem da presença do contra-almirante. Por certo, Prévaux é sempre o comandante do *Duguay-Trouin* e o almirante Moreau, da esquadra; embora as relações entre eles sejam reguladas com precisão, a situação é penosa. O sentimento de independência de Prévaux sofre com isso. É preciso, por exemplo, suportar a corvéia das refeições com o almirante e estar à sua disposição a qualquer instante. Mas a partir da metade de novembro dissolve-se a 5ª Esquadra e a questão não se coloca mais.

Jacques reencontra então, com satisfação, seus hábitos de trabalho solitário, uma vez terminado o serviço. Suas leituras ficam sérias novamente, recomeça a escrever um diário e mantém várias correspondências literárias, cujos destinatários se admiram que suas ocupações de comandante de cruzador em guerra não lhe tirem a vontade de escrever. Ele estabeleceu laços de amizade com o capitão-tenente Debat. Manda chamá-lo muitas vezes a seu salão vermelho e negro, ou encontra-se com ele na sala de mapas ou na ponte, um cigarro na mão, e os dois mantêm durante os quartos conversações eruditas que versam sobre o budismo, as encíclicas e também política. Jacques tem afeição pelo brilhante oficial e aprecia sua cultura e suas qualidades d'alma. Georges Debat, intimidado no início pela atitude distante, quase altiva, de Prévaux, percebe que ela provém de seu temor dos contatos, de um certo receio de ser mal compreendido. Um temor sem dúvida fundado, pois ele se exprimia em uma linguagem densa, embora um pouco esotérica. De fato, a tripulação o considerava — com respeito — como "um poço de ciência" ou um "intelectual".

Entrementes, seus oficiais tentam distraí-lo e levá-lo com eles. Como ele dispõe de um carro, pode se deslocar nas redondezas, ir à praia, por exemplo, ou ao círculo europeu, onde dançam-se tangos langorosos na obscuridade propícia do blecaute, ou ainda se divertir no lupanar. Existem vários deles em Dakar em função dos meios da clientela. "*Chez Maman Cernay*" é o mais chique e caro. Situado no centro da cidade, o bar e os bangalôs que abrigam os quartos abrem para um jardim paradisíaco de flores e coqueiros; é o local mais agradável e arejado de Dakar, mais ainda que o Círculo. Quando anunciaram que o comandante do *Duguay-Trouin* estava chegando em sua casa, mamãe Cernay, como boa comerciante, foi logo acolhê-lo: eles caíram um nos braços do outro. Tinham se conhecido em Xangai, onde começaram suas respectivas carreiras. Depois, ambos haviam subido na carreira. Generoso, Prévaux convidava ao *Maman*

Cernay os seus oficiais, mas os suboficiais que se encontravam em seu caminho beneficiavam-se igualmente de seus favores. Um jovem *midship* deve-lhe as primícias neste estabelecimento, cujas tarifas não estavam ao seu alcance, e lembra-se reconhecido: "Fomos tratados como reis, e quando partimos de Dakar, a zeladora me deu uma medalha da Virgem como amuleto."

No *Duguay-Trouin*, assim como no *Altaïr*, Jacques mergulha na corrente de suas crenças religiosas. Retira do fundo da mala as velhas obras de filosofia hindu e os textos sagrados que ele conhece quase de cor, alguns Upanixades e o Bhagavad-Gita, os livros de Tagore. Ele se alimenta de todos os livros de espiritualidade cristã que encontra e se abandona aos movimentos de sua alma profundamente religiosa. Não é praticante, de forma alguma, e recusa-se a se dizer católico: sofreu demais com a educação religiosa "artificial e muito forçada", imposta pelos jesuítas. Ele manteve a fé em um ser supremo, um Deus bom e em alguns ritos que exprimem esta confiança, a prece, o culto à Virgem.

Sua religiosidade se alimenta agora da necessidade de crer na superioridade das forças do Espírito sobre as forças do Mal, encarnado por Hitler. Mais do que nunca, é preciso defender aquilo que combate a barbárie nazista: os valores judaico-cristãos. O amor absoluto que o une a Lotka exprime tais valores, ele está convencido disso. Lotka, a frívola, transformou-se, tornou-se profunda e religiosa, mas à maneira eslava, com sentimentalidade ingênua, choros e efusões. Jacques deu-lhe uma foto de sua mãe, morta quando ele ainda era criança: "Todas as noites", escreve ela, "eu rezo a Deus para que nos envie um milagre que ponha um fim nesta guerra, beijo e molho com minhas lágrimas a imagem de tua mãe querida, suplicando-lhe que te abençoe e te guarde."

A que Deus ela pede? Os filhos dos Leitner, exilados da Polônia e afastados do lar de sua religião, afastaram-se quase todos do judaísmo — sem com isso renegá-lo. Lotka já tinha quase esquecido que era judia. A chegada de seus pais e as perseguições nazistas mergulharam-na de volta em suas origens, ao mesmo tempo em que a comunhão de pensamento e de sentimento com Jacques a encorajavam a expressar sua fé. Em setembro daquele ano, ela celebra o Yom Kippur em família. Em outubro, louca de preocupação, promete converter-se ao cristianismo se Jacques voltar são e salvo, e surpreende-se fazendo o sinal-da-cruz, acendendo velas nas igrejas. Uma traição, sem dúvida, mas ela não experimenta nenhum remorso.

As patrulhas incessantes submeteram o *Duguay-Trouin* a dura prova e ele tem que voltar à base para carenagem e reparações. Assim que o cruzador que deverá substituí-lo nas costas da África ocidental chega à área, Prévaux dá ordens de partida, rumo ao norte. A travessia é penosa por causa do nevoeiro, do frio que a tripulação havia esquecido, das vagas atravessadas que o navio não aprecia. No dia 18 de janeiro, enfim, ele faz sua entrada em Lorient e amarra no cais do arsenal para quatro meses de imobilização.

Assim que sua licença é deferida, ele corre para Paris para encontrar Lotka. Ela alugou para eles um pequeno apartamento no imóvel onde ela mesma morava antes da guerra, na rua de la Pompe. Desde que soube que ele voltaria, Lotka está louca de alegria. Mergulha com delícia nos trabalhos de instalação e nos preparativos de seu casamento; apesar dos magros recursos, ela precisa pelo menos de um anel e de um vestido... Felizmente, ela ainda tem amigos nos ambientes da costura e tem toda uma rede de costureiras dispostas a ajudá-la.

Mas o tempo passa, a licença de Jacques está para terminar e as formalidades necessárias ao casamento ainda não foram cumpridas, falta um documento. O julgamento de divórcio foi oficialmente homologado, mas a Marinha impõe exigências suplementares: Jacques precisa de uma autorização para casar-se. Para obtê-la, deve fornecer um parecer fundamentado, assinado por seu superior, sobre "a moralidade da futura esposa e a conveniência da união planejada". Este parecer seria emitido depois de uma dupla investigação, civil e militar, sobre "a situação e a reputação da futura esposa, assim como de seus pais". A polícia veio interrogar o porteiro da rua de la Pompe e também o da rua Legendre, onde moram seus pais; eles foram sondados sobre suas relações, seus hábitos, a que horas volta para casa à noite, sozinha ou acompanhada, se dorme fora. A própria Lotka foi convocada a depor e respondeu a um interrogatório cerrado sobre seus pais, seus irmãos e irmãs. O resultado agradou à Marinha e, no dia 29 de fevereiro, enfim, o vice-almirante de esquadra Devin anuncia que "dá [sua] aprovação a esta união, que oferece as condições de moralidade exigidas pelos regulamentos".

Jacques e Lotka se casam em 12 de março, dois dias antes do fim de sua licença em Paris. Mas desta vez eles não têm que se deixar, ela o acompanha a Lorient: a esposa legítima tem o direito de mostrar-se a seu lado. Eles alugam um apartamento na rua du Port, uma daquelas ruas claras e ventiladas que cercam o interior do porto, a alguns minutos do arsenal. A beleza espetacular da jovem esposa do comandante faz sensação na pequena cidade marítima. É inútil ser discreta, vestir-se de cinza ou azul-marinho, refrear sua natureza exuberante, dobrar-se docilmente às regras em uso na sociedade local, nada pode sufocar o esplendor da jovem senhora alta e loura, em toda a glória de seus 35 anos.

Depois de seis semanas de vida em comum, Jacques tem que se dedicar de novo a seu comando. O *Duguay-Trouin* já foi revisado, reparado, melhoraram sua estabilidade, reforçaram seu armamento antiaéreo: ele está pronto a fazer-se ao largo. Doravante, está designado para a esquadra francesa do Mediterrâneo oriental, conhecida geralmente sob o nome de "Força X". A bem dizer, o *Duguay-Trouin* vai precisar de alguns dias de exercícios suplementares antes de enfrentar o mar, mas a ofensiva alemã no oeste, a invasão da Bélgica e dos Países-Baixos obrigam a acelerar o envio da nova esquadra ao Levante. Os dias em terra são esgotantes. Prévaux precisa conseguir que a tripulação termine com toda a rapidez os testes indispensáveis, tentando ao mesmo tempo convencer o almirante a permitir alguns dias de atraso para que o barco seja realmente operacional.

O *Duguay-Trouin* parte finalmente no dia 17 de maio em direção a Alexandria. Apesar do cansaço dos preparativos e da dor de ter que deixar Lotka, Prévaux saboreia a partida. Ele sabe que os três meses que lhe faltam efetuar para cumprir seus dois anos de comando são os últimos de sua vida de oficial de Marinha; ele não tem mais que uma centena de dias para saborear aquela profunda satisfação de comandar na ponte. Sem dúvida, ele poderia ter desembarcado; conseguiria que lhe encontrassem uma designação em terra e teria podido gozar da felicidade de viver ao lado de Lotka. Mas nele o senso do dever é mais forte. Ele tem que terminar seu tempo normal de comando, ele o deve a seus oficiais, a sua tripulação, a si mesmo. E pensa em retornar em meados de agosto.

6

A Força X em Alexandria

O *Duguay-Trouin* chega em 24 de maio à enseada de Alexandria. A travessia passou-se sem problemas não fosse, na partida de Lorient, um alerta por causa de um submarino alemão que cruzava naquelas paragens. De qualquer forma, a tripulação vivia nos postos de vigia, uma parte pronta para a ação enquanto a outra fazia a manutenção dos equipamentos e, no que sobrava de tempo, descansava-se. Era um regime árduo que o comandante impunha com todo o rigor necessário, para conseguir de seus cerca de seiscentos homens a coesão indispensável ao combate que todos esperavam travar.

A Força X era composta, sob as ordens do almirante Godfroy, de um encouraçado, quatro cruzadores e três torpedeiros. A pequena esquadra rápida, ligeira e bem armada estava destinada, por um lado, a garantir a livre circulação no interior do canal de Suez — uma passagem vital para os Aliados — e, por outro, a assediar a costa italiana se, como parecia bastante provável, Mussolini levasse seu país à guerra. O que ele fez em 10 de junho, para grande alívio de todos aqueles marinheiros que não queriam outra coisa senão lutar e que estavam seguros de vencer os barcos italianos. "A inação aparente, a espera, são duras de suportar para nós", declara Prévaux na comunicação geral a sua tripulação. "Hoje, entramos, nós mesmos, na luta ativa. Nenhum de nós duvida da vitória e de que esta vitória terá a medida das causas que defendemos e dos sacrifícios que ela nos terá custado. Tais sacrifícios, eu sei que todos a bordo estão prontos a aceitá-los."

Mas não haveria batalha naval. De nada serviu a esquadra cruzar entre as ilhas, singrar os mares, tentar uma incursão no Dodecaneso e um desembarque em Rodes, ir a Tobruk, na Líbia, onde uma patrulha de reconhecimento aéreo pensou ter visto alguns cruzadores italianos. O inimigo se recusa e o *Duguay-Trouin* volta ao porto sem ter combatido. A decepção é tão grande que ninguém desfruta mais da beleza das costas mediterrâneas na luz que faz cintilar suavemente a superfície una do mar.

Pela última vez, em 22 de junho, a esquadra prepara-se para levantar âncoras, em companhia e sob a liderança das forças navais britânicas, baseadas igualmente em Alexandria. Trata-se de participar de uma incursão de grande envergadura no golfo de Taranto, realizada pela frota inglesa sob o comando do almirante Sir Andrew Cunningham. Prévaux apresenta assim a manobra a seus oficiais: "Sabemos que os marinheiros italianos não gostam de deixar o abrigo de seus portos e de seus campos de minas. Mostrarão eles, amanhã e depois de amanhã, mais coragem do que mostraram ontem? Este combate ao qual aspiramos, eles continuarão a recusá-lo? Neste caso, os quatro grupos da Frota irão realizar ações independentes até as costas inimigas. Os três primeiros avançarão até o estreito de Messina e bombardearão a grande base naval de Augusta na Sicília. Nosso grupo efetuará uma incursão ao longo da costa tripolitana até as cercanias da Tunísia." Seguem-se exortações destinadas a mobilizar as energias esmorecidas pelas notícias alarmantes do front, a ordem de retirada geral e a ocupação de Paris pelas tropas alemãs: "Todos nós esperamos o combate [...]. Ademais, nos minutos trágicos que nosso país está vivendo, sentimos a necessidade instintiva de nos mostrarmos dignos de nossos irmãos de Dunquerque e da batalha da França, de provar-lhes com a vitória sobre o inimigo da última hora nossas razões de acreditar inapelavelmente nos destinos franceses." Uma vitória seria, além disso, uma vitória travada contra o derrotismo que ganhava o governo. A Frota quer lutar.

Tarde demais. Os preparativos para o combate começaram no dia 22 de junho, às 23:30 h. Os barcos franceses já soltaram os cascos, levantaram âncoras e estão prontos para partir quando chega um primeiro telegrama: "Partida adiada", seguido, alguns minutos mais tarde, por um segundo: "Partida anulada". Os ingleses fizeram-se ao largo e a tripulação já não entende mais nada. "Quando cheguei ao convés, conta Georges Debat, todos os meus companheiros estavam reunidos, a maioria de pé, os rostos tensos e graves ao redor do rádio. Uma voz senil anunciava o armistício, falava de honra e de dignidade, sei lá mais o quê... Depois fez-se o silêncio. Apenas dois ou três oficiais comentaram: 'Já que o marechal está dizendo...' No entanto, todos estavam tristes, taciturnos... Muito poucos, eu sei, conseguiram dormir."

A bordo do *Duguay-Trouin* reinava o estupor e a consternação. Prévaux falava de "traição" e conclamava os oficiais a "cerrar os punhos e preparar a revanche", uma revanche que todos estão convencidos que não tardará. Os telegramas e comunicados, que sucederam-se desde os primeiros indícios de diálogo entre os beligerantes, suscitaram de início a determinação de continuar a lutar, depois a humilhação da derrota e, enfim, a estupefação diante das ordens recebidas: dobrar-se sem ter combatido, entregar ao inimigo de ontem as armas intactas.

Segundo o armistício assinado em Rethondes naquele 22 de junho, a frota de alto-mar, invicta, não seria, como o resto do potencial militar, entregue à Alemanha: teria que voltar aos portos de matrícula para ser desmobilizada e desarmada sob controle dos vencedores. Era o acordo prévio formulado pelo governo francês e aceito por Hitler. Ao convocar a Marinha a cessar os combates, Darlan, almirante da Frota, justificou tal tratamento de favor como "uma homenagem à conduta [da Marinha] durante as hostilidades e um reconhecimento de seu valor". Darlan garantiu que examinara bem os documentos: as cláusulas do armistício não são "desonrosas". A Frota não será "entregue", mas "desarmada sob controle da Alemanha". Nuances. Ele tinha confiança na palavra de Hitler de respeitar a tropa francesa e achava plausível que os soldados alemães velassem gentilmente, sem tocá-los, pelos navios de guerra ancorados em uma Brest ocupada; ele, aliás, garantiu-se dando ordens secretas de sabotagem se o inimigo ou qualquer força estrangeira tentasse se apoderar de nossos barcos.

Uma imensa confusão invadiu a Marinha: no dia 23 de junho o vice-almirante Godfroy conclamava o pessoal da Força X a ter paciência e calma. Ele mesmo ainda não conhecia as condições do armistício, mas sublinhava: "Nós não ignoramos o quanto valem as promessas alemãs." Três dias mais tarde, dia 26, chegava uma mensagem de Darlan pedindo que fossem aplicadas "lealmente" as convenções assinadas. Como não ficar desnorteado, sobretudo na posição em que se encontravam os navios franceses?

A maioria conseguiu evacuar os portos da Mancha e do Atlântico. Com exceção de alguns que se dirigiram para portos ingleses, eles retiraram-se para a África ocidental francesa ou para o Mediterrâneo, nas duas bases de Mers el-Kebir e Alexandria. Lá ficaram ancorados junto com os aliados de ontem, que continuavam a combater. Mortificados com a inatividade no porto, os marinheiros franceses assistem com inveja à aparelhagem dos navios ingleses. Estes observam com preocupação aqueles barcos intactos, imobilizados pela convenção do armistício, uma presa tentadora para o inimigo, um ponto crucial para a seqüência da guerra se caíssem nas mãos da Alemanha.

Churchill não tem a mesma confiança de Darlan na assinatura de Hitler; ele presume que os alemães e italianos poderão se apossar, apesar de suas promessas, dos navios que retornarem à França. Decide então reunir ou neutralizar os navios franceses, à força se necessário, antes que fossem capturados pelos inimigos e usados contra a Inglaterra. Em 3 de julho, o almirante Sir James Somerville, que comandava a Força H em Gibraltar, lança um ultimato ao almirante Gensoul, comandante das Forças do Atlântico retiradas em Mers el-Kebir sob controle britânico. Todavia, uma outra possibilidade, compatível com a honra, foi-lhe oferecida: levar a esquadra para as Antilhas, onde seria neutralizada sob controle americano. O almirante Gensoul recusa secamente, sem sequer discutir, todas as condições colocadas pelo Almirantado britânico. Os ingleses abrem fogo, afundam o *Bretagne* e reduzem três outros barcos à impotência — 1.300 marinheiros franceses encontram a morte no combate.

A situação em Alexandria é diferente. Normalmente, a Força X deveria fazer seu desarmamento em Beirute; mas ela fica "retida" em Alexandria. Impossível aparelhar sem o consentimento dos ingleses: a esquadra francesa está ancorada bem no fundo da enseada e, de qualquer maneira, encurralada; trata-se de um caso de força maior. "O Almirantado britânico, ansioso por eliminar qualquer risco de que os navios caíssem nas mãos dos alemães ou dos italianos, no caso em que seus compromissos não fossem mantidos, como já acontecera tantas vezes, declarou, com urbanidade, estar diante da necessidade de nos manter imobilizados em Alexandria", declarou o almirante Godfroy já em 25 de junho. O "com urbanidade" não é puramente formal. As relações entre os dois almirantes são excelentes. Seria talvez porque Sir Andrew Cunningham era casado com uma francesa e a mulher do vice-almirante Godfroy era inglesa? O comandante da Força X se esforça para convencer seus oficiais da boa vontade inglesa e de que os aliados de ontem continuam sendo amigos.

Mas nos tombadilhos a tendência era antes de considerá-los com desconfiança, às vezes até de odiá-los. Mais que uma ressurgência da velha rivalidade entre as Frotas, esta anglofobia, cuidadosamente atiçada pela propaganda de Vichy, liga-se aos acontecimentos mais recentes. Em Dunquerque, não pretendiam os ingleses evacuar apenas as suas forças deixando os soldados franceses à mercê dos exércitos de Guderian? Londres não tinha oferecido asilo a um certo De Gaulle de quem a rádio e a imprensa francesa diziam horrores? As suspeitas britânicas, enfim, eram consideradas insultantes: como se a

Marinha francesa fosse trair e entregar os seus barcos aos alemães e italianos! A simpatia que aproximava os almirantes estava bem longe, portanto, de ser compartilhada pelas tripulações francesas.

No dia 4 de julho a situação quase desandou quando chegou a ordem britânica de juntar-se ou desarmar-se depois da notícia do ataque da esquadra de Mers el-Kebir. Descendo a praia para assumir seu turno, a equipe da manhã do *Duguay-Trouin* constatou com horror que o cruzador estava cercado pelos barcos ingleses, ancorados a cinqüenta metros, canhões apontados para cada bordo, marinheiros nos postos de combate. O enfrentamento parecia inevitável, a menos que os dois almirantes, que estavam em negociações, cujas vedetas começavam seu vai-e-vem, encontrassem uma solução compatível com a honra francesa e a segurança inglesa.

Para Prévaux é preciso fazer de tudo para evitar um novo e absurdo derramamento de sangue. Decide demonstrar aos marinheiros ingleses que apontam suas armas para o *Duguay-Trouin* que a Marinha francesa — a Força X, pelo menos — não mudou de atitude em relação a seus antigos aliados e absolutamente não os consideram inimigos. "Tripulação a postos para pintura!" Eles descem as cadeiras de calafetagem e os marinheiros, suspensos no vazio a algumas dezenas de metros das bocas dos canhões ingleses, começam a esfregar com ardor, assoviando com ar absorto. Os oficiais observam divertidos o mal-estar que aparece no rosto dos ingleses: não é ridículo manter na mira uma guarnição que se dedica pacificamente à pintura do casco? O Almirantado inglês poderia realmente dar ordens de atirar em uma tripulação desarmada, ocupada em cumprir as tarefas cotidianas de bordo?

De repente, um fragor de bombardeio se faz ouvir. Não são os ingleses que atiram sobre os franceses, mas um ataque aéreo italiano. A esquadra britânica responde com toda a evidência e a Força X, espontaneamente, sem esperar as ordens que, sem dúvida, não seriam dadas. Ao final do alerta, cada tripulação retorna a seu posto, os ingleses voltam a apontar suas armas para os franceses, os marinheiros retomam o balde de pintura. Mas a tensão baixou um ponto.

Tal situação não podia durar. Os dois almirantes desaprovavam o ultimato ordenado por Churchill, cujas conseqüências não poderiam deixar de ser absurdas — derramar sangue francês e inglês em benefício do inimigo. Seria preciso, contudo, muita boa-vontade e razão de parte e outra para superar os efeitos desastrosos do ataque de Mers el-Kebir. Ao final de algumas horas, eles conseguem chegar a um *gentleman's agreement*. Sir Andrew Cunningham compromete-se a não tentar tomar os navios franceses pela força em troca da palavra do almirante Godfroy de que a frota não tentará partir e não fará sabotagem. A tripulação da Força X continuaria livre e poderia baixar a terra, apenas os reservistas seriam desmobilizados. Esta convenção permaneceria em vigor até 1943.

"No começo, esforçamo-nos para resistir", escreve Prévaux. Às vésperas do armistício, uma esperança nasceu de continuar a combater a partir do Oriente Médio. O general Mittelhauser, que substituíra Weygand como comandante-em-chefe na Síria, anunciou que desaprovava o armistício e que estava pronto para prosseguir a luta ao lado dos ingleses. Mas ele acabou por se dobrar diante das ordens de Weygand e de Darlan e das garantias deste último de que a Frota permaneceria intacta. Sua submissão, como a do general Noguès em Rabat, pesaria na escolha que se apresenta diante da Força X: aplicar "lealmente" a convenção do armistício, ou seja, permanecer em inatividade na enseada de Alexandria ou juntar-se àqueles que iriam constituir, ao lado de De Gaulle, em Londres, as Forças Navais Francesas Livres.

O apelo do general provavelmente não foi ouvido a bordo do *Duguay-Trouin*, mas a notícia chegou até lá logo depois, através dos relatos que os marinheiros traziam de terra. A reação deles foi mais que morna. De início, confiaram no espírito liberal do vice-almirante Godfroy para encontrar uma via compatível com a honra da Marinha. Depois, acreditaram nas garantias de Darlan — o almirante da Frota! — e, claro, de Pétain — o marechal, o vencedor de Verdun! Enfim, a propaganda de Vichy e a indignação diante do massacre de Mers el-Kebir colocaram as tripulações contra a idéia de lutar com os ingleses. Aconteceu também que os gaullistas de Alexandria não agradaram àqueles que os encontraram em terra. Alguns porque "continuavam tranqüilamente instalados fazendo seus negócios no Egito e mandavam os outros lutarem"; outros porque eram ricos judeus orientais, cujo "zelo desastrado" em favor do gaullismo despertou o anti-semitismo latente na Frota. Quanto aos marinheiros que uniram-se a De Gaulle, eram considerados "duvidosos".

Todos estes argumentos vinham em boa hora para reforçar a tendência da Marinha, ambiente politicamente conservador e impregnado das teses de Maurras, a dobrar-se diante de uma autoridade que tinha a pretensão de representar a ordem moral e os valores imutáveis da França cristã. Não poderia ser de outra forma, observou Georges Debat, "em uma Marinha onde cada tombadilho recebia *L'Action Française* a cada dia e há vinte anos". Nada de espantoso, portanto, no fato de que apenas um número ínfimo de marinheiros tenha se juntado a De Gaulle em 1940: entre as tripulações da Força X imobilizada em Alexandria, menos de duzentos.

O tenente Honoré d'Estienne d'Orves fez parte do primeiro grupo, que partiu para Londres no dia 9 de julho. Antes, ele quis falar com Prévaux, cujo espírito de "resistência" e cuja simpatia por De Gaulle eram conhecidos.

Naquele jovem oficial de Marinha formado, no entanto, como os outros, na aceitação quase automática das ordens recebidas da hierarquia, o espírito de resistência dominava a aceitação da derrota. Para ele, com ou sem armistício, "nossos inimigos nunca deixaram de ser os alemães". Não o povo orgulhoso que ele tinha aprendido a estimar em Berlim, mas um sistema totalitário, criminoso e racista. Nas longas conversas que entretinha com Debat, ele execrava essa "derrocada de todos os valores que faziam nosso orgulho e nossa dignidade". Face ao regime nazista, não se tratava "de uma simples guerra franco-alemã [...], mas da luta mortal do Espírito contra a religião da raça e do sangue". Ademais, enquanto a maioria dos oficiais se reconhecia na França personificada pelo marechal, Prévaux deplorava não somente a derrota militar, mas a omissão da França diante de suas responsabilidades, a submissão aceita de bom grado, a fidelidade de um povo à pessoa de seu chefe.

E então, unir-se ao movimento organizado em Londres por De Gaulle? Jacques admira o militar. Estudou suas teorias sobre a arma blindada e aprova suas concepções inovadoras em matéria de tática. Se o exército tivesse seguido as recomendações do jovem coronel De Gaulle e admitido modificar suas doutrinas de defesa, os tanques de Guderian encontrariam diante de si sólidas divisões blindadas. Prévaux admira, enfim, o senso de honra e a coragem do oficial que rompeu com a disciplina.

Contudo, ao final da entrevista com d'Estienne d'Orves, Prévaux decidira permanecer a bordo do *Duguay-Trouin*. Tratava-se, explica ele a Debat, de uma questão de responsabilidade. O tenente d'Estienne d'Orves é ajudante-de-ordens do almirante Godfroy; é um oficial subalterno, cujo posto será reduzido a quase nada; sua partida para Londres não teria grandes conseqüências na Força X; sua decisão não envolve ninguém senão ele mesmo. A situação do comandante do *Duguay-Trouin* é bem diferente, pois ele tem a responsabilidade do barco e da tripulação, e é importante que eles sejam mantidos em estado de operacionalidade para o momento em que a situação mudasse ou que o combate interrompido pudesse, enfim, ser retomado — Jacques estava convencido de que a França reencontraria sua honra. Ele não está livre para decidir individualmente. Uma vez afastado de seu comando, ele não hesitaria em engajar-se.

Tal raciocínio, que foi o de muitos oficiais de Marinha sinceramente partidários da França Livre, explica por que foram tão raros os que se uniram a De Gaulle naquele verão de 1940. Um único oficial general, o vice-almirante Muselier, posto na reserva por Darlan, ganhou Londres onde encontrou o general, sem saber, aliás, qual era o seu plano de ação. Entre os 172 marinheiros da Força X que se juntaram às Forças Francesas Livres, contavam-se apenas nove oficiais, sendo o mais graduado o capitão-de-fragata Auboyneau, subchefe do Estado-Maior da Força X, um posto abaixo de Prévaux.

Jacques cai doente no mês de agosto — sempre a mesma disposição para a anemia —, restabeleceu-se, teve uma recaída e, finalmente, teve que ser repatriado.

Suas despedidas no *Duguay-Trouin* foram muito emocionantes. Seu último navio, seu último comando no mar, a tripulação reunida para uma última saudação às cores da França. Na véspera de sua partida, os oficiais de Marinha convidaram-no para um aperitivo de despedida. Espremidos em um lugar que não fora previsto para receber tantos homens ao mesmo tempo, eles falaram desajeitadamente de fidelidade, de confiança cega, de dever e de grandes lembranças, as que guardarão de seu comandante: "Nós experimentamos uma grande afeição pelo senhor, comandante." Duro, impiedoso quanto à disciplina, ele o era, porém tinha algo mais que não se conseguia explicar: "personalidade", "boa estrela", "uma certa aura", e toda a tripulação se jogaria no fogo por ele.

Uma delegação foi encontrá-lo para pedir uma foto; o fotógrafo de Alexandria que fez o retrato não acreditava nos próprios olhos: quatrocentos marinheiros em fila diante de sua loja para obter um exemplar, uma reprodução, às vezes ampliada, a suas próprias custas. Três meses depois da partida de Prévaux, do modo mais casual possível, retratos de dimensões importantes começaram a aparecer nos compartimentos da tripulação e nas portas dos carros, e ali ficariam até o fim da guerra.

Terceira Parte

Na Resistência

1

No tribunal militar

Prévaux desembarcou em Toulon em novembro de 1940. Para sua grande surpresa, Lotka esperava por ele.

Depois do embarque do marido, em 17 de maio, ela vivera mergulhada na angústia, como a cada vez que se separavam. Pior, desta vez ela não sabia sequer onde ele estava, pois Jacques não podia revelar a destinação da Força X. Adivinhara, contudo, que ele navegava no Mediterrâneo oriental, e deduzira, através de algumas alusões a um país "cuja mitologia é muito complicada", que se tratava do Egito. Saber que o *Duguay-Trouin* estava distante das zonas de combate a tranqüilizava — até a entrada da Itália na guerra. Durante os cinco meses de ausência de Jacques ela não recebera nenhuma notícia; ela própria enviara, como sempre, cartas e telegramas, sem desconfiar que não chegavam até ele.

À tristeza da separação, às preocupações materiais — ela não tinha mais nem um tostão — acrescentava-se, a cada alerta aéreo, o pânico. Ela prometera a Jacques que desceria comportadamente para o porão; logo percebeu que seria de bom alvitre colocar em local seguro também os seus bens mais preciosos: o magnífico aparelho de jantar em porcelana, os jades, a virgem chinesa em marfim, esgotando-se em idas e vindas pela escada. A cada dia, o estrondo dos bombardeios parecia mais próximo de Paris.

Ela teme pela sorte dos pais. Roland de Margerie alertou-a e aconselhou-a retirá-los de imediato. Nas vésperas da entrada dos alemães na capital, os Leitner juntam-se à onda de parisienses que fogem da ocupação e se refugiam no campo, perto do Mans. Mas a tranqüilidade do Lude aumenta ainda mais a sua angústia. Ela imagina que as cartas de Jacques chegaram finalmente, que estão se empilhando na mesa do porteiro da rua de la Pompe. Como pôde ela chegar ao ponto de faltar a seu dever, de não estar lá para abri-las? Não suportando mais, volta a Paris. Para nada. Em seguida, passaria um mês com sua cunhada Jeanne.

Quando é informada, em meados de outubro, de que Jacques seria repatriado, ela decide ir para Toulon imediatamente. Empresa perigosa atravessar toda a França e transpor a linha de demarcação: precisa de um salvo-conduto para chegar até a zona livre. Como obtê-lo? Um funcionário indiferente explica o procedimento a ser seguido: basta que ela produza um atestado médico provando que seu marido está hospitalizado em Toulon e que sua vida está em perigo; que espere até recebê-lo e retorne para fazer o pedido. Lotka faz logo as contas da demora, da lentidão da administração, das incertezas do correio: não ficaria mofando em Paris enquanto Jacques, doente, estava em solo francês. Ela não hesita: salta em um trem, dizendo-se que vai conseguir "transpor a linha como quem não quer nada, assoviando, mãos nos bolsos". O que realmente conseguiu fazer, pois estava no porto quando o barco que trazia Jacques de Alexandria acostou.

Ele estava em licença por doença, sofria — conforme diagnosticara o médico de divisão da Força X — de anemia hemolítica e de nefrite hipertensiva. Sua licença surpreendeu seus subordinados que não desconfiavam da gravidade de seu estado de saúde; alguns deles chegaram a invejá-lo por voltar mais rápido para a França.

Por certo, a inatividade forçada de Alexandria fora pesada para Prévaux, que se sentia definhar em um barco parado no porto, em meio a uma esquadra sonolenta. A tripulação, como não estava presa a bordo, vivia em terra, passando agradavelmente o tempo a jogar tênis no Sporting Club ou fazendo presença nos *garden-parties*. Os marinheiros se instalavam, criavam raízes e namoravam. O diretor do liceu de Alexandria, Marcel Fort, pusera as quadras de esporte do liceu à disposição deles e depois os expulsara, "cansado de vê-los jogando futebol como se nada houvesse". Alguns oficiais alugaram apartamentos na cidade. Como de hábito, estes pequenos acontecimentos da vida mundana não tinham nenhum interesse para Prévaux. Raramente, aliás, ele descia a terra, preferindo ficar a bordo em seu suntuoso apartamento, lendo, escrevendo para Lotka longas cartas quase cotidianas ou discutindo com Georges Debat.

Mas por maiores que fossem o seu enfado e seu desejo de rever Lotka, não era de seu feitio fazer-se passar por doente. No dia 7 de outubro, o Estado-Maior da Força X ordenara, em qualquer caso, seu repatriamento sanitário via Jerusalém e Beirute. Ele deveria aproveitar a viagem para levar as malas diplomáticas. Seu estado de saúde fora considerado grave, pois recebera uma autorização para viajar em vagão-leito, um favor excepcional. Quando chegou ao Líbano ele foi, aliás, hospitalizado, antes de embarcar no navio-hospital *Sphinx*. Destino: Toulon, pois fora designado para, uma vez restabelecido, retomar seu serviço na III Região Marítima.

Ele tencionava encontrar rapidamente uma nova designação. Consciencioso até o escrúpulo, trabalhador obstinado, gabava-se sempre que podia de nunca estar doente e falava com condescendência daqueles que toleram tal coisa. Recém-chegado, precipitou-se, portanto, a Vichy para ver Darlan e obter sua nomeação para algum lugar: esperava "um posto distante e diplomático". Vagueia um pouco pelas antecâmaras ministeriais, encontra muita gente, mas nada obtém senão vagas promessas e volta de mãos vazias para Toulon.

Lotka e ele moram no Canadel, em uma casa medíocre de nome horrível, a Villa Binder. Que importa? Sete anos depois de apaixonarem-se um pelo outro, oito meses depois de seu casamento, eles começam finalmente a vida em comum. Para eles, que até aqui só conheceram um punhado de semanas passadas juntos, espremidos entre o serviço de Jacques e suas obrigações conjugais, por menores que fossem, esta instalação tem um gostinho de eternidade. "Vida em comum" é, aliás, um termo impróprio para designar esta fusão de dois seres que só existem um para o outro. Jacques escreveu assim a Kouba Distenfeld, marido de Mania (irmã mais nova de Lotka): "Foi-nos finalmente permitido, a mim e a Lotka, depois de todos esses meses de angústia que sucederam tantos anos de espera, mergulhar, nos esquecermos de nós mesmos nesta felicidade que enfim temos nas mãos e que, de agora em diante, nunca mais deixaremos escapar." Todavia, esta felicidade louca, inesgotável, em que vivem "um do outro e um para o outro" ainda seria entrecortada de separações. Jacques tem que se cuidar e é internado no hospital militar de Toulon, submetido aos médicos e sobretudo à comissão superior de saúde da Marinha, cujos pareceres sobre seu estado de saúde determinarão seu retorno à atividade. No início, ele se entedia profundamente. Falta-lhe aquilo que ele mais ama neste mundo: Lotka e seus livros. Antes de transpor as grades do hospital, ele explorou as livrarias da cidade, sem encontrar os Gide que gostaria de ter em sua mesa-de-cabeceira. Consegue, no entanto, obter permissões de saída, o que é, em princípio, proibido, mesmo para os oficiais. "Porém", conta ele com candura, "desde o começo eu os fiz entender que não apreciava aquelas regras feitas para mim, e eles aceitaram de bom grado."

De licença por doença em licença, muitas vezes renovada, para convalescença, sua saúde pouco a pouco começa a melhorar. Se com os cuidados e o repouso a anemia cedeu, a hipertensão persistiu, justificando o prolongamento da licença. Prévaux desta vez recebe a notícia com alegria e exulta com a idéia de passar mais dois meses com Lotka... Mais ainda porque o casal mudou-se para uma casinha charmosa em Pramousquier e porque, em Toulon, Jacques sente-se enojado com a "atmosfera pouco encorajadora de lassidão, de aceitação, de aclimatação".

Ao final de seis meses, em julho de 1941, recebe enfim sua designação, que o surpreende um pouco — mas ele está convencido de que é provisório, à espera de um posto "verdadeiro" de Vichy. Foi nomeado presidente do 1º Tribunal Marítimo Permanente de Toulon, substituindo o comandante Bonnot. Para formar-se para estas funções judiciárias desconcertantes, ele tem apenas um curto mês de estágio, no final do qual constata com orgulho que já entendeu tudo; que suporta melhor que os outros juízes, embora mais jovens, a extensão e a aridez das audiências em salas superaquecidas;

que, chegando ao fim da tarde fresco e disposto, ele poderia continuar e, no fundo, que com ele "talvez a justiça possa ser menos brutalmente expeditiva e freqüentemente negligente".

Em seu escritório no primeiro andar da chefatura marítima, na praça D'Armes, dobrado sobre os dossiês enigmáticos que lhe são remetidos sempre na última hora, ele retoma com satisfação o velho hábito do trabalho noturno e entrega-se à mania de fazer tudo a fundo. À parte isso, uma vida de eremita, como sempre depois que encontrou Lotka, e as cartas cotidianas cheias de protestos de amor, de súplicas para que ela "não flertasse nem com os homens nem com as mulheres" e o dilaceramento por ter, segunda-feira de manhã, que deixá-la até a sexta seguinte...

Mas Vichy logo perceberia que colocar Prévaux em um posto onde ele teria que se especializar na condenação dos marinheiros que se juntaram à França Livre era uma má escolha. Seu rigor, sua independência de espírito e sua obstinação em convencer os adversários faziam dele um excelente presidente, mas não um joguete. Seus julgamentos denotam, ademais, sua parcialidade em favor dos resistentes: durante este período, o Tribunal Marítimo de Toulon ganhou a reputação de ser severo em relação aos franceses que apoiavam o ocupante e indulgente com os patriotas já engajados na Resistência. Se ainda não se "engajou" em um movimento de Resistência, Prévaux fez sua escolha e a exprime quando tem ocasião.

Ele tem, aliás, contatos bastante suspeitos, por exemplo com o coronel Paillole. Montara também um serviço de informações sob a tarja anódina de "Trabalhos Rurais" e mais tarde iria juntar-se aos serviços secretos do general Giraud. Em 1940-1941, fazia contra-espionagem para o

Bureau das Atividades Antinacionais de Vichy e seu PC clandestino ficava em Marselha. O coronel Paillole testemunha que "a marinha nacional de Toulon foi, de longe, o melhor apoio da Resistência nascente nesta região da França, e isto graças à impulsão decisiva de Prévaux".

Talvez os serviços de informação de Vichy, sob o controle de Darlan, tivessem sabido algo dos movimentos suspeitos na prisão marítima, no seio do Arsenal — não que os detentos estivessem desaparecendo, eram antes as encomendas que entravam: os arquivos mais secretos dos serviços de contra-espionagem, aos quais Prévaux oferecera este esconderijo tão insólito quanto, para ele, perigoso.

A exoneração de Prévaux caiu brutalmente e sem aviso prévio. No dia 16 de dezembro, ele foi convocado pelo vice-almirante Marquis, prefeito marítimo, e informado de que o Estado-Maior da III Região Marítima houvera por bem "conceder-lhe" uma licença de longa duração. De fato, a ordem emanava de Vichy: o documento traz o timbre do Secretariado de Estado da Marinha e a assinatura, com data de 14 de dezembro, de Darlan, almirante da Frota e ministro da Defesa Nacional. Prévaux estremece diante do termo "conceder" e espanta-se: ele não pedira nenhuma licença. E descobre que é uma das primeiras vítimas da lei de 8 de novembro de 1941 sobre as "licenças de atividade para os oficiais". O texto não tem ambigüidades: "Em caso algum a colocação em licença de atividade poderá ser objeto de uma demanda" se for uma "decisão" do secretário de Estado do qual depende o oficial, ou seja, de Darlan. Por uma bizarria administrativa, o decreto determina que o prefeito marítimo comunique aos interessados o texto da lei, mas "sem que eles sejam autorizados a fazer cópias" e, sobretudo, a fazer referência, nos documentos, à lei em questão...

O almirante Darlan já observara Prévaux no passado: em 1937, chefe do Estado-Maior da Marinha, ele escreveu na caderneta do novo ouvinte do Centro de Altos Estudos Navais: "Porte negligente" — o que não é, entretanto, do feitio de Jacques —, "inteligente, demasiado intrigante."

Um pouco incomodado, o almirante entrega a Jacques o papel para ser assinado, explicando que ele está incluído em uma medida de "rejuvenescimento dos quadros" destinada a eliminar das promoções todos aqueles que fossem considerados velhos demais. O argumento não se sustenta: aos 53 anos Prévaux seria um jovem contra-almirante (a média de idade dos contra-almirantes em exercício em 1941 é de 57 anos) e, se era preciso rejuvenescer a qualquer preço, melhor seria começar pelos 43 capitães-de-mar-e-guerra mais velhos que ele ou pela centena com mais antigüidade...

A bem da verdade, Prévaux fora exonerado de seu posto depois de uma queixa denunciando sua indulgência para com os marinheiros "desertores" e sua frouxidão na aplicação das ordens de Vichy, que exigia sanções exemplares. Em julho de 1941, antes, portanto, que Prévaux assumisse suas funções, destacam-se entre as condenações emitidas pelo conjunto dos tribunais marítimos: condenação à morte (em três casos), vinte anos de prisão, perda dos direitos civis, degradação militar, exoneração, sem falar da supressão da delegação de soldo às famílias dos "dissidentes".

Naquela noite, arrumando seus uniformes — pela última vez! — Prévaux sente-se aniquilado. Então a Marinha acabou-se. Aquele ofício adorado, o júbilo de comandar, as vigílias estudiosas embaladas pelo ronronar tranqüilo das máquinas, a tripulação alinhada em uniforme de gala, as manobras impecáveis, a disciplina e a afeição, tudo isso acabara-se; 35 anos de sua vida. Seu orgulho de oficial de carreira sofre por ter sido despojado tão brutalmente. Mas poderia ele esperar uma promoção, depois de oito meses de espera por um posto disfarçado de presidência de tribunal?

De manhã bem cedo, depois de uma noite em claro, Prévaux vê sua situação com outros olhos. Doravante, ele poderia "ser ele mesmo, sem subterfúgios ou hipocrisias". Melhor que atormentar-se, armas depostas, esperando em vão por ordens claras de combate contra os exércitos inimigos, palavras-de-ordem de resistência ao ocupante, ele estaria, enfim, livre para se dedicar com todas as suas forças, todo o seu tempo à luta pela liberação da França. Ele não está mais submetido ao dever de reserva; não está mais ligado pela obediência àquela hierarquia que, até então, acabava sempre por superar os deveres ditados por sua consciência.

Ele já começou, aliás, desde a véspera, a exibir sua independência. Ao dizer ao almirante Marquis o que pensava de seu licenciamento, anunciou o campo escolhido: "Não há nada de desonroso hoje em ser incluído entre certos proscritos — bem ao contrário."

Uma bela profissão de fé gaullista. Darlan não desconfiava de que, ao licenciar Prévaux, ele oferecia à resistência um grande chefe.

2

O engajamento

O encontro decisivo teve lugar em novembro de 1941. Prévaux, portanto, não esperou "entrar em licença" da Marinha para fazer contato com uma rede da Resistência. E aquele homem maduro que dirige-se discretamente para um encontro clandestino em um bistrô de Toulon corre um grande risco: ele é o presidente do Tribunal Marítimo.

Ele vai ao encontro de um responsável local pela rede F2. Naquela fresca manhã, Auguste-Henri Brun empurra a porta do Café de la Rade, no porto de Toulon. É a hora da pausa e o lugar está cheio de operários do Arsenal discutindo ruidosamente sobre as últimas notícias. Ninguém dá atenção a ele; seu rosto, aliás, é familiar pois, embora não seja da Marinha, é militante da CFTC e faz muitas vezes a ronda dos bistrôs. Passa entre as mesas, responde a alguns cumprimentos percorrendo com os olhos a sala enfumaçada, em busca do "amigo" desconhecido com o qual devia encontrar-se.

"Ele tem uns cinqüenta anos e ar severo", disse John Ulysse Mentha (pseudônimo: Certigny), "Vai esperá-lo na sala do fundo, ao lado da porta. Atenção, é um peixe grande: um oficial de Marinha gaullista que está tentando juntar-se às Forças Francesas Livres."

"Bom demais para ser verdade", resmungou Brun. "Com certeza o mandaram para cá se infiltrar. Eu corro o risco de ficar queimado e isso é o pior que podia nos acontecer agora. Você já pensou nisso?"

O pequeno grupo de resistentes ao qual pertence Brun (pseudônimo: Volta) atravessa um período difícil — as prisões se multiplicaram na região. Também as regras de segurança foram modificadas.

"Muitos de nós já o vimos e estamos seguros de que é sincero. Eis as palavras de ordem: quando você o vir, vá apertar-lhe a mão. Então ele vai dizer a seguinte frase..."

Mas o encontro aconteceu de maneira insólita. O "amigo" identifica Brun primeiro e toma a iniciativa do contato: levanta-se e dirige-se até ele. Este desprezo pelas precauções elementares deve-se à ignorância das práticas da clandestinidade ou à vontade de ganhar vantagem? "Mau começo", pensa Brun, furioso com a imprudência do novo recruta. E não esconde de seus chefes a má impressão: "Eu fui ao encontro, mas foi Vox quem me contatou. Ele sabia perfeitamente quem eu era, o que não foi nada agradável por razões de segurança." Desconfiado, Brun demora a se revelar. O outro pronuncia as frases combinadas, é certo, mas poderia de qualquer forma ser um provocador. Isso é modo de agir de um oficial? Não, concluiu o resistente. "Eu só me revelei quando ele me deu referências de um oficial superior, o subcomandante do *Tourville*."

Dois meses e algumas entrevistas depois, Jacques de Prévaux, pseudônimo Vox, adere à rede F2. Começa oficialmente a "trabalhar" em abril de 1942.

No outono de 1941, este oficial de Marinha se lança na aventura da Resistência. O capitão-de-mar-e-guerra coloca-se, como simples informador, sob as ordens de um operário do Arsenal. O diplomata torna-se clandestino. O soldado formado na disciplina rebela-se contra a hierarquia. O homem maduro encontra energia para começar um nova vida.

É graças aos poucos meses passados no Tribunal Marítimo que, indiretamente, Prévaux pôde fazer contato com a Resistência, ou seja, no outono de 1941 em Toulon, a rede F2.

Jacques conhecera um certo Abraham, sem dúvida por intermédio de sua irmã advogada — ela defendera um acusado diante do Tribunal Marítimo — ou de um amigo comum, um certo Gérard. Os dois homens simpatizaram; descobrem um mesmo gosto por Péguy — Jacques chegou mesmo a rever, na casa de Abraham em Toulon, o poeta Léon-Paul Fargue que conhecera em Paris. Prévaux torna-se um habitué dos Abraham, que freqüenta uma vez por semana — sua única saída em Toulon — para aquilo que ele chama humoradamente de "meu *bridge* não-ariano". Mas o que se fazia lá era realmente jogar cartas?

Marcel Abraham tinha outros talentos. Eminente universitário, suplente de letras, inspetor na Academia de Paris, fora diretor do gabinete de Jean Zay antes de ser destituído de suas funções em 1940. Obrigado a deixar Paris depois do desmantelamento do Museu do Homem, refugiou-se com a família em Toulon. Sinais particulares: membro do movimento de resistência *Franc-Tireur* (Franco-Atirador) e colaborador ocasional do jornal do mesmo nome.

Na origem deste movimento de resistência nascido em Lyon no outono de 1940, estava a vontade de um punhado de amigos de dar seqüência à luta contra o ocupante. Amargos e furiosos, rejeitavam o armistício e condenavam o regime de Vichy. A equipe de fundadores, escreve D. Veillon, "tem orientação de esquerda: socialistas, radicais, militantes da Jovem República. Se protesta contra Hitler e o nazismo [...], não deixa de associar suas preocupações políticas (restabelecimento das liberdades republicanas, retorno à democracia, nacionalizações) a esta luta contra o ocupante e é justamente isso que constitui um de seus traços originais". *Franc-Tireur* quer, todavia, reunir todos aqueles que combatem pela liberdade ou antes, pela liberdade e pelos direitos dos homens, sem sectarismo de classe ou de ideologia. Não se faz política e não é questão de, por exemplo, adotar o tom anticlerical habitual nos meios radicais. Tais nuanças são importantes para explicar por que Prévaux aderiu às opções civis e morais do *Franc-Tireur* e da F2.

No começo, o grupo distribuiu, em Lyon, panfletos assinados "França-Liberdade"; depois, sob a impulsão de Jean-Pierre Lévy que se tornara chefe nacional, expandiu-se para fora de Lyon, em toda a zona livre. O jornal mensal *Franc-Tireur* fora fundado para apoiar a atividade do movimento. Quando Jean-Pierre Lévy estava procurando um responsável para encarregar-se do Sul da França, um camarada de regimento falou-lhe de Frank Arnal. Filho de policial e membro do Partido Socialista, ele tem sólidas convicções republicanas e, do balcão de sua "Pharmacie de la Poissonnerie", conhece todo mundo em Toulon; ademais, é presidente do sindicato dos farmacistas do Var. Entretanto, Arnal se recusa a entrar para o *Franc-Tireur* — ele já faz parte da F2 —, mas indica o nome de John Ulysse Mentha, em cuja casa instalara-se a primeira caixa de correio de sua rede. Nessa época, e por longo tempo ainda, os movimentos e as redes mantêm contato estreito a despeito das regras de prudência, agentes de uns realizando missões para os outros em função das possibilidades de cada um. Mentha aceita a tarefa proposta por Lévy e começa a divulgar o *Franc-Tireur* no Midi.

Marcel Abraham fala, portanto, com Mentha sobre seu encontro com Prévaux e de suas simpatias por De Gaulle. Jacques não fazia mistério disso. Por ocasião de uma recepção oferecida na praça d'Armes em Toulon, por Marcel Abraham, Prévaux conhece Jacques Lévy-Rueff, da engenharia marítima, que, sob o pseudônimo de Vir, irá se transformar em seu adjunto no setor de Toulon da F2. Lévi-Rueff lembra-se perfeitamente das opiniões ouvidas naquela tarde no salão da Sra. Abraham, mãe. Eles não eram anódinos; Prévaux exprime sentimentos pró-gaullistas. É possível que, já naquele dia, ele tenha deixado entender que gostaria de ir para Londres.

A todos que encontrava Jacques colocava a mesma questão: como reunir-se a De Gaulle em Londres? Uma pergunta embaraçante: Mentha não tem um rádio e nenhum outro meio para estabelecer contato com Londres. "Azur", o grupo F2 de Toulon, ao contrário, mantém contato regular com Londres. Mentha, que conhece não somente Frank Arnal mas também Auguste-Henry Brun, pede a eles que recebam e testem aquele recruta inusitado que é capitão-de-mar-e-guerra.

Depois de Brun, encarregado do primeiro contato com Prévaux — no Café de la Rade —, um outro sindicalista cristão, Gaston Havard (pseudônimo: Foch), mais alto na hierarquia da Azur-F2, marca um encontro em um bistrô do Quai de Cronstadt. Conta ele: "Ele estava com a jovem esposa. Depois de interrogá-lo, disse-lhe que não dispunha dos meios diretos para evacuá-los para a Inglaterra, mas que poderia tentar passar uma mensagem através de minha rede. Ele se colocou ao meu dispor enquanto esperasse. Precisei-lhe então as formas de nossa atividade, informei quem eu era e qual era a minha profissão: adjunto de estudos no Arsenal. Ele insistiu em ficar sob minhas ordens, aceitando a disciplina estrita de uso entre nós. Comecei a testá-lo confiando-lhe missões simples. Aquele capitão-de-mar-e-guerra, brevetado pelo Estado-Maior, antigo adido naval em Berlim, deu provas, sob as ordens do simples operário do Arsenal que eu era, de uma obediência notável e soube submeter-se sorrindo a esta situação no mínimo bizarra."

3

Uma rede franco-polonesa

Junho de 1940: o armistício foi assinado e o exército polonês que lutava na França tenta retirar-se. Porém, apenas uma parte da tropa consegue embarcar e muitos combatentes ficam bloqueados na costa atlântica. Em Saint-Jean-de-Luz, o último barco acabou de partir em meio a uma confusão indescritível, deixando no pátio milhares de soldados desamparados. Entre eles, dois oficiais poloneses de um tipo especial: os comandantes Vincent Zarembski e Rygor Slowikowski são antigos oficiais de informações. Metem-se, de início, a trabalhar em uma organização de passagem clandestina de militares para a Espanha; depois começam a montar na França um serviço de informações — um reflexo profissional, de certa maneira. Eles não têm contato com seu Estado-Maior, nenhum rádio, pelo menos no começo, mas começam a recrutar, encontrar "pianistas", contando poder entrar em contato em tempo útil com os Aliados.

Paralelamente, o Almirantado polonês, que se refugiou em Londres com o general Sikorski e o governo polonês no exílio, decide criar na França uma rede de informações sobre a Marinha e acaba encontrando a pessoa certa para esta difícil missão: Thadée Jekiel, da engenharia naval. Destacado por um tempo junto à Marinha francesa, ele conhece bem a França e os meios da Marinha nacional, o que lhe garante o perfil adequado para recrutar colaboradores que deverão ser franceses; em compensação, suas competências em matéria de serviços de informações limitam-se àquilo que leu em alguns romances policiais. Depois de uma formação acelerada de algumas semanas, é mandado para Marselha, em setembro, tendo no bolso alguns nomes de possíveis contatos.

De imediato, ele faz a conexão com seu compatriota Zarembski e transmite o acordo de Londres, o quartzo e os códigos de transmissão. Vincent Zarembski (pseudônimo: Tudor), instalado em Marselha até dezembro de 1941 (queimado, é obrigado a voltar), será o chefe da rede polonesa de informações "Ekspozitura-France", que deixará de funcionar no final de 1942. Seu cúmplice Rygor Slowikowski partirá para a Argélia em agosto de 1941, onde irá instalar a rede na África do Norte.

Uma vez no Midi, Thadée Jekiel (pseudônimo: Doctor) fez outros contatos que desembocarão na constituição da rede F2. Efetivamente, ele logo encontrou Léon Sliwinski (Jean-Bol), para o qual tem uma carta e que tem "um dom incomum para fazer conhecimentos úteis para a realização de seus projetos", e depois Gilbert Foury (Edwin). Em um vagão-restaurante, ele esbarra em um colega que conhecera no Havre: Jacques Lévy-Rueff (Vir), o mesmo que fora convidado na casa de Marcel Abraham. Trava, enfim, conhecimento com François Horowicz (François) que, apesar do nome polonês, é bem francês. É eletricista em uma empresa que trabalha para o Arsenal de Toulon, onde fez amizade com Gaston Havard (Foch).

Certo dia, Horowicz menciona a Jekiel a existência de um pequeno grupo de resistentes em Toulon que, ao redor de Havard, busca possibilidades de ligação com as Forças da França Livre na Inglaterra. "Como não aceitamos o armistício", escreve Havard em suas memórias, "é conveniente agir em conformidade com nosso espírito e tentar continuar a luta... Mas como agir com eficiência? Consideramos que a luta armada é prematura na França; restam-nos três vias de ação possíveis: propaganda, sabotagem, informação... Mas sabemos bem que a eficácia [deste trabalho] será praticamente nula se não estabelecermos contato com os combatentes armados: Londres. Como contatar os ingleses?" Enquanto espera, Havard continua a recrutar e a organizar ligações clandestinas. Aquele homenzinho enérgico e autoritário revela-se um organizador sem par: embora pouco dotado para a horticultura, funda uma "Associação dos jardins operários do Var" para cobrir reuniões e deslocamentos. E a todos os amigos seguros ele empenha-se em colocar a questão capital do contato com Londres, questão que Prévaux também se colocava e para a qual Jekiel tinha a resposta.

Graças a François Horowicz, finalmente será feita a conexão entre os resistentes de Toulon e o enviado de Londres. Thadée Jekiel faz uma visita, numa tarde de outubro de 1940, a Gaston Havard. Eles concordam sobre os objetivos, observam que os meios de que dispõem são complementares — Havard tem os homens, Jekiel o material de transmissão — e decidem colaborar, consagrando-se unicamente às informações. Assim estabelece-se a rede "Azur", origem e centro da F2, graças ao encontro de um oficial enviado pelo Estado-Maior polonês a Londres, de um agente do Arsenal, de um engenheiro de armamentos, de um farmacêutico, de um professor universitário, de um eletricista...

A F2 começa a funcionar a partir de Nice; desenvolve-se rapidamente sob a direção de Jekiel assistido por Sliwinski; logo terá seus próprios meios de transmissão. Diversamente da "Ekspositura-France" e do movimento de resistência polonesa POWN, é composta majoritariamente por franceses, aos quais os chefes poloneses ensinaram a prática, mais comum na Polônia que na França, da ação clandestina. Outra diferença: irá permanecer ativo até a Liberação. Enfim, sem dúvida uma coisa é ligada à outra, seus agentes não são profissionais de informações como aqueles da rede de Tudor, mas resistentes cujos serviços serão reconhecidos como tais nas fileiras da França combatente. Não mercenários, mas patriotas convictos, cuja eficiência em campo tem muito o que ensinar aos profissionais do Estado-Maior londrino do *Intelligence Service*, mergulhados em seus dossiês. As informações que fornecem não são pagas, como é o caso dos agentes dos SR profissionais. Os subsídios enviados pelo Estado-Maior polonês (o dinheiro provém dos serviços ingleses) à rede F2 servem para cobrir as despesas e ajudar os agentes fornecendo-lhes tíquetes de pão, de cigarros, mas também sustentando suas famílias em caso de prisão. São, enfim, militantes de uma única causa: a liberação do domínio nazista. A nacionalidade dos agentes não tem importância na luta contra o inimigo comum.

Quando, em novembro de 1941, Prévaux é recrutado por Havard, ele entra em uma rede da qual ignora o componente polonês, pois seus companheiros e seu chefe direto são franceses. Ele ficará bastante surpreso ao saber que tem como chefe um compatriota de Lotka, Sliwinski (pseudônimo: Jean-Bol). O recrutamento da F2 vai se tornando, aliás, cada vez mais francês.

Por certo, embora autônoma em sua organização, a F2 está incorporada administrativamente na rede de Tudor, o que significa concretamente que as informações que recolhe chegarão ao 2º Bureau do Estado-Maior polonês em Londres. Isso é tudo, e é muito. A organização permanece polonesa em sua cúpula, o que é ignorado pela maioria dos agentes que, por razões evidentes de segurança, conhecem apenas seus contatos diretos e pelo pseudônimo. Por ocasião da Liberação, alguns militantes ficarão furiosos ao descobrir que trabalharam, de fato, em uma rede de "poloneses brancos" e indignados com a opacidade — necessária, contudo, em um SR — no interior da hierarquia. Às vezes, isso produzia situações bizarras, como quando, por exemplo, cruzaram-se, na casa de Rose Blum, uma temerária vendedora de chapéus que hospedava todos os resistentes de passagem por Toulon com os agentes que, encaminhando-se para diversas "filiais" da F2, estavam encarregados de render os turnos... Mas a maioria daqueles que conheciam o papel dos poloneses na rede se felicitavam, apreciando sua seriedade e preferindo-os aos métodos considerados "desastrosos" do BCRA[1].

[1]Bureau Central de Informações e de Ação do coronel "Passy".

4

O logro

Dois meses apenas se passaram depois do encontro no Quai de Cronstadt e Havard já teve tempo de apreciar o trabalho realizado por Prévaux. Seus contatos com oficiais superiores da Marinha eram insubstituíveis, suas qualidades de organizador preciosas. A rede gostaria de mantê-lo e lhe propõe que não vá mais para Londres, mas continue a trabalhar na França.

Prévaux aceita, impondo duas condições bastante inusitadas. A primeira é exorbitante: quer conhecer pessoalmente o chefe da rede. Em função do seu nível e dos serviços que pode prestar, eles decidem abrir uma exceção e satisfazê-lo. Sliwinski sente-se, ademais, tranqüilizado pelo fato de sua esposa ser judia: para ele seria perigoso demais traí-los.

A segunda condição é mais delicada. Prévaux quer saber para quem, finalmente, ele trabalha. Se concorda em renunciar — provisoriamente, acredita ele — ao Estado-Maior das Forças Francesas Livres em Londres, onde sua patente garantiria um posto de primeira linha, ele exige garantias de que, em Toulon, estaria realmente a serviço do general De Gaulle. Mais precisamente, ele quer receber diretamente do general a ordem de trabalhar na F2. Os outros agentes F2 contentavam-se em saber que as informações que recolhiam eram enviadas aos Aliados; o essencial para eles era combater o ocupante com eficiência. Paradoxalmente, enquanto Jean Moulin trabalhava os múltiplos movimentos da resistência em seu conjunto para submetê-los à autoridade das FFL, Prévaux briga, por seu lado, para ser oficialmente filiado ao movimento gaullista, em vão, como veremos.

Esta preocupação de reconhecimento, que nunca o abandonará, explica-se facilmente. Para começar, Prévaux era antes de mais nada gaullista, e prosélito: seus próximos o apelidaram "Prévaux, o gaullista". Mais tarde, em 1943, ele escolheria explicitamente De Gaulle contra Giraud. Além do mais é legalista; sua educação, sua formação militar, sua carreira de oficial formaram-no na obediência e na fidelidade à autoridade legal. Uma vez transposto o limiar da rebelião contra as ordens de sua hierarquia, De Gaulle transformara-se para ele na autoridade legítima.

Além do mais, mesmo licenciado por Darlan, mesmo agente clandestino em uma rede de informações em Toulon, ele se considera sempre como parte dos quadros da Marinha. Seus chefes agora são as FNFL. É nelas que sua carreira prossegue. Mas o contexto particular (a guerra, o regime de Vichy, o licenciamento) justifica o pedido de que sua situação pessoal em relação às FNFL fique esclarecida.

Prévaux, enfim, não era um político. Como não se interessava verdadeiramente pelos movimentos que agem na sociedade, nos partidos, nas relações de força, ele não os compreendia e até desconfiava deles. Instado a engajar-se em um grupo de resistência, teme ser manipulado e quer garantias. O futuro mostrará que seus temores eram fundados e que ele foi realmente manipulado.

O primeiro encontro entre Prévaux e Sliwinski teve lugar em 25 de janeiro de 1942. Sliwinski informara ao Estado-Maior polonês em Londres (tel: F/448/42) da demanda de Prévaux e recebera a garantia de que o trabalho de Vox na rede seria, sim, considerado como serviço nas fileiras das Forças Francesas Livres. Faltava encontrar uma maneira de dar a Prévaux uma prova da concordância das FFL com seu engajamento. Combinou-se então que as ondas da emissão francesa da BBC difundiriam uma frase de sua escolha.

Em La Cisampo, a casinha nas alturas de Pramousquier, Jacques e Lotka esperam por Sliwinski ou, mais exatamente, Jean-Bol. Ela pegou as taças de jade e a última garrafa de Noilly, perguntando-se se não seria frívolo demais para aquele tipo de reunião. Mas não tem coragem de falar disso a Jacques, que fuma maquinalmente fixando a parede, o ar ainda mais grave que de hábito; as cinzas caem nos ladrilhos e ele nem se move quando ela aproxima um cinzeiro. Por seu silêncio obstinado ela adivinha que está tenso: seria a idéia de encontrar-se com o chefe da rede, a perspectiva de receber uma prova material da ligação da F2 com os serviços do general De Gaulle? Os dois ficam um pouco surpresos quando vêem entrar um jovem alto de 26 anos, fogoso, de olhar voluntarioso. Seus cumprimentos denotam muita classe.

"Proponho um método simples para lhe dar a garantia de que o senhor trabalha realmente para De Gaulle", explica Jean-Bol. "Se o senhor escolhesse uma frase qualquer e a ouvisse na rádio inglesa na transmissão 'os franceses falam aos franceses', ficaria convencido?"

"Acho que sim", responde Jacques.

"Então diga."

Jacques cala-se por alguns segundos, depois enuncia com voz firme:

"Bem. Eis a mensagem: 'Beijo-te, Lotka querida'."

Jean-Bol anota a frase indicada por Prévaux e, passando diante da janela, joga discretamente o papel por cima da porta do jardim. Ele colocara na rua um de seus agentes, Bey, encarregado de pegar o papel e ir imediatamente transmitir seu conteúdo pelo telefone à central de Nice. Lá Lubicz, agente encarregado da codificação, iria transmiti-la a Londres seguindo os procedimentos da rede. Toda a operação não durou mais que meia hora.

Durante este tempo, Sliwinski demora-se em La Cisampo. Quando chega a hora da transmissão, ele sugere aos anfitriões que escutem a BBC. Prévaux certamente não esperava que sua mensagem fosse ao ar na mesma noite; assim, logo que ouve subitamente: "Uma mensagem importante... Beijo-te, Lotka querida... Repetindo: beijo-te, Lotka querida..." fica fortemente impressionado com a eficiência e a rapidez da F2. Muito emocionado, lágrimas nos olhos, o capitão-de-mar-e-guerra coloca-se em posição de sentido diante do jovem tenente da reserva do Exército polonês.

Nem Prévaux nem Sliwinski duvidam de que a mensagem venha mesmo das FFL e de que De Gaulle tenha tomado conhecimento do engajamento do antigo comandante do *Duguay-Trouin*.

Um ano depois, contudo, surge a dúvida sobre a pertinência ou não da F2 ao movimento gaullista. Quando os três principais movimentos de Resistência fundiram-se no seio dos MUR[2], a F2 ficou de fora e suas informações continuaram a ir para o IS e não para o BCRA. Sliwinski considerava que o engajamento formal da F2 não era indispensável, na medida em que recebera de novo de seus chefes a garantia de que o trabalho na rede seria considerado como serviço na Resistência. Quanto a Havard, ele sentia-se muito bem na F2 e considerava com severidade os métodos do BCRA.

Mas Prévaux exige garantias precisas. Em março de 1943, quando da reorganização da rede depois da ocupação pela Wehrmacht da Zona Sul, ele anuncia (telefonema de 06/03/ 1943) que sua colaboração com a F2 seria provisória, enquanto ele não recebesse garantias de que estava inscrito no serviço permanente junto ao general De Gaulle. Tal insistência comoveu o SI polonês, que quer a colaboração permanente de Prévaux: eles pedem a seus interlocutores ingleses que se arranjem para obter o acordo de De Gaulle. A resposta dos ingleses, transmitida a Prévaux, provocou alvoroço: eles propõem que ele se junte ao Estado-Maior de Giraud.

Efetivamente, os ingleses vêem no general Giraud, instalado pelos americanos em Alger desde dezembro de 1942, um interlocutor mais dócil e um representante da França em luta contra a ocupação mais maleável que o intransigente general De Gaulle. Ademais, o 2º Bureau polonês mantinha muito boas relações com os serviços que dependiam de Giraud e só poderia comemorar sua ascensão para o primeiro escalão. Poloneses e ingleses estavam, portanto, plenamente de acordo em curto-circuitar De Gaulle.

---

[2]Movimentos Unidos de Resistência.

Ou antes para continuar a fazê-lo. Pois o caso Giraud acabou por levantar uma ponta do véu que encobria o logro que vitimara Prévaux e Sliwinski. Eles acreditavam de boa-fé que os telegramas que transmitiam por rádio ao 2º Bureau polonês de Londres chegavam aos serviços da França Livre, embora na verdade eles não ultrapassassem a etapa do *Intelligence Service*. O célebre MI 6 enganou também a outros. Assim, aquele mesmo Rygor Slowikowski que vimos em 1949, em Sain-Jean-de-Luz, criar as bases da rede Tudor e depois fundar uma rede na Argélia, iria descobrir que trabalhava, de fato, para o *Intelligence Service*... Pragmáticos, os ingleses utilizavam os (bons) agentes que encontravam, mesmo que operassem para outros, prontos para desencaminhá-los. E eles dispunham dos meios financeiros para tanto. Além disso, mantinham relações "normais" com o general Sikorski e com o governo legal polonês no exílio em Londres e relações tempestuosas com De Gaulle. "O governo polonês, que já fazia funcionar na Europa uma importante rede de agentes, com ligações por rádio bastante eficientes, aceitou transmitir ao SIS todas as informações que recebesse... Em janeiro de 1941, o 2º Bureau polonês transformou-se no único contato para passar este material e receber as demandas britânicas de informações." Os ingleses desejavam, enfim, sobretudo manter a primazia na coleta e utilização das informações, assim como na condução da guerra. Em suma, eles não se incomodavam nem um pouco de guardar para si a soma de informações extremamente preciosas enviadas pela F2. Acrescente-se a tais considerações políticas a tradicional rivalidade entre serviços e o fato de que os SI poloneses já funcionavam bem antes que os franceses organizassem o BCRA: tudo concorria para manter De Gaulle apartado do trabalho da F2.

Se considerarmos as motivações dos resistentes e os resultados obtidos, isto não é assim tão grave. Ao fim e ao cabo, o que os agentes da F2 queriam era lutar contra os alemães, pouco importa com quem. A maioria, aliás, sequer se preocupou com a idéia de ter que escolher entre De Gaulle e Giraud. O essencial não era que as informações fornecidas servissem aos Aliados e conseqüentemente à vitória sobre o invasor? Sobre estes dois pontos eles não foram enganados.

Mas Prévaux fora logrado, e várias vezes, quando certas mensagens foram transmitidas pelas ondas da BBC como se fossem dos serviços da França Livre. Não apenas a primeira que decidira seu engajamento — "Beijo-te, Lotka querida..." — mas também as outras que serviriam para confirmar a concordância de De Gaulle.

Diante da proposta de juntar-se a Giraud, Prévaux efetivamente respondeu com firmeza que apreciava plenamente a oferta e que estaria pronto a aceitá-la de todo o coração, a partir do momento em que o entendimento entre os dois movimentos combatentes se transformasse em realidade. Caso contrário, e enquanto esperava, exigia absolutamente que seu serviço fosse descontado junto ao general De Gaulle (telefonema nº 53 de Lubicz, 8 de abril de 1943). Impossível ser mais claro. Para satisfazê-lo, os ingleses difundiram logo depois uma nova mensagem durante as transmissões francesas da BBC: "A França sabe que você trabalha para ela e agradece." Como duvidar que a mensagem viera da França Livre? Era evidente para todos os ouvintes que o "programa francês" da BBC, precedido pelas intervenções de De Gaulle e de seu porta-voz, Maurice Schumann, dependia da França Livre — mas não era nada disso.

Prévaux, todavia, ainda não se sente tranqüilo. Sliwinski, que fora preso em dezembro de 1942 mas fugira em setembro de 1943, devia ir para a Inglaterra. Ele lhe pede que procure o almirante Thierry d'Argenlieu, agora comandante-em-chefe das Forças Navais Francesas Livres, assim como seu amigo Pierre Viénot que, tendo se juntado a De Gaulle depois de fugir da prisão, acabara de ser nomeado embaixador do Comitê Francês de Liberação Nacional em Londres. Além disso, ele lhe confia uma carta a ser entregue a De Gaulle. Nesta carta, datada de 1º de novembro de 1943, exprime antes de tudo o seu orgulho por estar trabalhando no seio da resistência: "A escolha que tive que fazer no início deste ano, entre a alternativa de ficar aqui no mesmo negócio que começava a prosperar ou de ir encontrá-lo, foi-me muito difícil. Mas não posso lamentá-la diante da paz de consciência, do sentimento do dever cumprido e da obra realizada."

No final de 1942, com efeito, Prévaux fora tentado mais uma vez pela idéia de unir-se às Forças Navais Francesas Livres. Seu lugar era lá, ele era antes de tudo um oficial de Estado-Maior; fora, aliás, para unir-se a De Gaulle que ele contatara a F2 um ano antes. E eis que, naquele outono de 1942, o Estado-Maior estava em plena transformação e ganhando corpo; havia postos a preencher e não por qualquer um: depois da partida estrepitosa do vice-almirante Muselier no mês de março, o posto de comandante das FNFL fora confiado a Philippe Auboyneau. Sem questionar as competências de Auboyneau, Prévaux ponderava que ele mesmo tinha mais antigüidade — o outro era dez anos mais novo — e que, portanto, o posto lhe pertencia naturalmente.

Além disso, o BCRA tinha a intenção de usá-lo, ou pelo menos de testar suas capacidades. O coronel Pierre Fourcaud, um dos primeiros agentes secretos da França Livre, um profissional, notara seu engajamento, apreciando o que conhecera de seu trabalho na F2. Ele falara de Prévaux-Vox em Londres. Seu caso fora tratado nos altos escalões — ele foi objeto de uma discussão entre o almirante Auboyneau e o coronel Billotte, chefe do Estado-Maior particular de De Gaulle e encarregado das relações com o BCRA. Porém, eles decidiram-se enfim por uma colaboração ocasional: de início, Prévaux seria "utilizado no local onde se encontrava, depois de uma breve estadia aqui", isto é, em Londres. Ele seria contatado por d'Astier de la Vigerie, um dos fundadores e chefe do movimento "Liberação" que, justamente, viria à França em novembro. Vox deveria dirigir-se para a Inglaterra em submarino, na companhia do embaixador René Massigli, futuro Comissário das Relações Exteriores. Mas a operação marítima foi adiada e a série de prisões que, em dezembro, iria decapitar a F2 levaram Jacques a mudar de idéia e ficar na França, onde seria mais útil.

Uma escolha difícil, como explica ele a Viénot, ao qual confessa também sua preocupação quanto à sua situação diante do Estado-Maior da Marinha das Forças Francesas Livres: "Entretanto, às vezes me invade a nostalgia de meu antigo ofício; e eu gostaria que todos aqueles que, junto ao senhor, continuam a praticá-lo, estivessem seguros, pelo menos [...] de que minha ausência não é desejada." Ele declara-se certo de que Viénot irá se empenhar em mencionar seu nome, em lembrar "para o presente e para o futuro" a existência daquele capitão-de-mar-e-guerra que fez a escolha certa, mas tão distante de seu Estado-Maior e sem estar seguro de ter recebido ordens expressas de fazê-lo; e pede também que fale com Argenlieu: "Gostaria de ter certeza de que não me esqueceram."

Infelizmente, Sliwinski só chegaria à Inglaterra em junho ou julho do ano seguinte — em 1944, portanto: ele se apresenta a seus superiores do 2º Bureau polonês e avisa-os ingenuamente de sua missão junto a Viénot e Thierry d'Argenlieu.

Sua reação tem sobre ele o efeito de uma ducha fria: uma proibição formal de manter qualquer tipo de contato com representantes da França Livre. Tal ordem pode, sem dúvida, ser explicada pelo reflexo habitual nos SI de fechar suas fileiras e impedir os contatos horizontais. Mas também pelo temor de ver seu estratagema revelado de um momento para outro: como iria reagir o excelente agente Sliwinski quando aqueles eminentes colaboradores de De Gaulle lhe contassem que as FFL nunca ouviram falar dos serviços de Prévaux na Resistência? Sliwinski fica proibido, portanto, pelo tenente-coronel Langelfeld de entregar as mensagens enviadas por Prévaux.

Seria conhecer muito mal aquele homem profundamente rebelde a qualquer autoridade pensar que ele iria obedecer. Ele desobedeceu, correndo assim o risco das sanções previstas para a indisciplina, e pôs-se a procurar pelos destinatários das cartas. Mas teve azar. Pierre Viénot morreu de uma crise cardíaca antes que Sliwinski pudesse encontrá-lo e Thierry d'Argenlieu encontrava-se ausente. Sliwinski acaba decidindo escrever-lhe e remete uma nota ao capitão-de-corveta Schilling, chefe da segurança da Frota Francesa na Grã-Bretanha. E foi assim que ele descobriu a tramóia.

Pois Schilling, que, no entanto, conhecia Prévaux, ignorava que ele trabalhava para a Resistência. E quando Sliwinski quis avalizar os serviços de seus agentes para que eles pudessem gozar dos adiantamentos e pensões em pé de igualdade com os membros das unidades combatentes das FFL, foi informado de que os serviços efetuados na F2 não eram "automaticamente" reconhecidos pelas autoridades francesas como serviços para a França Livre. Somente em 30 de setembro de 1944 foi assinado em Paris um acordo entre o coronel Manuel, nº 2 do BCRA, e o coronel Lesniak, chefe dos SI poloneses, nos termos do qual os agentes franceses da F2 foram assimilados aos agentes do BCRA.

5

Como simples informante

Maio de 1942, casa dos Prévaux em La Cisampo. A noite é linda: do terraço vêem-se, embaixo, as luzes de Pramousquier e, ao longe, o mar. Os Pascalis vieram para um aperitivo e foram convidados a jantar. Lotka conseguiu arranjar algumas garrafas de vinho e Jacques trouxe de Nice, onde foi "a negócios", o suficiente para uma refeição digna de tal nome, uma sorte pois no Var o abastecimento é problemático. Encontrar carne ou produtos frescos é um verdadeiro quebra-cabeças. Há, é claro, a polonesa de Toulon, mas no estoque só lhe sobraram sardinhas e molho de tomates e logo ninguém agüenta mais; quanto ao misterioso marinheiro especializado em óleo e massas, ele fornece apenas, depois de longas tratativas, quantidades derisórias, como uma libra de café ou o tablete de chocolate — a dividir com os Pascalis, que negociam em comum. Tanto que Lotka tem que apelar aos pais para que mandem manteiga e bolos de Paris.

O guarda-comida encontra-se muitas vezes vazio. Pior, os Prévaux passam por graves problemas financeiros —

mas isso não é novidade. Certamente o oficial colocado em "licença de atividade" conserva seu soldo, mas amputado das indenizações, em particular aquela que permite compensar os gastos com o duplo aluguel, para seu domicílio permanente e para o alojamento no local de sua designação. Ademais, Blandine conseguiu que fosse retirado desse magro soldo a pensão alimentar que Jacques deve pagar. Não sobra grande coisa, e as contas a pagar começam a se acumular, assim como as notificações — como de hábito.

Prévaux decidiu então dedicar-se aos negócios. Falaram-lhe na presidência de uma sociedade que ainda seria criada e ele já se vê próspero e cobrindo Lotka dos vestidos e jóias que sua beleza merece. A idéia vem de um certo Roger Samuel, engenheiro químico que fabrica, em Nice, produtos de manutenção tais como ceras, saponáceos, lustra-móveis. Em um período de penúria e racionamento, o mercado se anuncia fabuloso. Sucedâneos de todos os tipos, *ersatz* de açúcar ou óleos sem óleo, ou quase, já se transformaram em mercadorias familiares. Jacques mergulhou nos manuais de direito comercial, redigiu os estatutos de uma sociedade anônima intitulada "Sociedade de produtos alimentares e de limpeza de substituição", em sigla SPAM, e depositou na Prefeitura uma demanda de autorização. Desde o começo do mês, alugou escritórios na rua Pasteur, em Cannes. Mas a sociedade só veria a luz no ano seguinte: inicialmente as autoridades negam autorização (demanda demasiado vaga, componentes químicos e processos de fabricação não especificados) e exigem uma documentação mais técnica.

Naquela noite de maio, entretanto, a vida é doce. Instalado em uma espreguiçadeira, Jacques conta com brio as peripécias de sua viagem; ele finalmente livrou-se do dentista e de suas torturas e uma dentadura renovada lhe dá um aspecto mais jovem. Lotka colocou uma cadeira dobrável de lona num canto de terraço, de onde pode ver Jacques, envolvendo-o com os olhos enquanto toca acordeão em surdina. Quadro banal de um grupo de amigos que conversa suavemente, tomando um aperitivo no jardim.

A conversação, aliás, recai em temas anódinos, pois a casa compartilhada abriga também um casal de notórios colaboradores. Os Prévaux não têm nenhum amigo de confiança entre os vizinhos, exceto Pierre Fourcaud, um dos primeiros agentes secretos da França Livre, um profissional, mas de estilo combativo. Enviado em agosto de 1941 pelo BCRA para sondar o comandante-em-chefe das "forças de alto-mar" em Toulon, almirante de Laborde, sobre sua atitude em caso de ataque alemão à frota francesa e, tema ainda mais delicado, sobre sua eventual participação nas Forças Navais Francesas Livres, Fourcaud discutira com Jacques sobre o plano a seguir para contatar o almirante. Eles haviam notado que todas as tardes ele saía à paisana, tomava uma lancha civil e atravessava a enseada para chegar a seu domicílio em Tamaris. "Eu o segui", recorda Fourcaud, "espiei pela janela de sua casa e toquei a campainha. E fui insultado de todas as maneiras possíveis! Prévaux rolou de rir quando contei-lhe a história. Ele não achava que eu teria a cara-de-pau de abordar Laborde." Com efeito, Fourcaud ousadamente apresentou-se com seu verdadeiro nome, informou seu posto, suas funções junto a De Gaulle e anunciou sem rodeios o objetivo de sua chegada intempestiva. O almirante de Laborde não somente expulsou-o, mas também informou o general Darlan da presença do emissário do BCRA.

Fourcaud conservou uma viva lembrança de seus vizinhos de alguns meses: "Prévaux era um capitão-de-mar-e-guerra arquiconhecido e apreciado. Ele seria certamente promovido a almirante. Mas os caras de Londres organizaram-se entre eles, construíram uma rua Royale à beira do Tâmisa. E teriam que dar a Prévaux uma posição correspondente a sua reputação. Como em Toulon ele era insubstituível... Ela, ela era fascinante. Os dois formavam um casal muito bonito." Para Jacques e Lotka, Fourcaud era uma lufada de ar londrino e eles interrogavam-no sobre a vida nos ambientes gaullistas. No entanto, seus contatos deviam permanecer discretos; Fourcaud era vigiado por dois inspetores de polícia instalados na casa do padeiro de Cavalaire. Eles nunca repararam nos Prévaux.

O doutor Raymond Leibovici era outro freqüentador de La Cisampo. Militante comunista, ele fora enviado pelas FTP a Saint-Tropez. Fez parte, junto com Villon, Kriegel-Valrimont, Rol-Tanguy e outros, do CAD (Comitê de Ação contra a Deportação) e sua unidade engajou-se nos maquis, na brigada dos Mouros. Um amigo comum fez o contato com Jacques, que conta de sua estadia em Alexandria e de "como ele tinha largado o general Godfroy para voltar à França e servir". Leibovici e Prévaux combinam trocar mutuamente as informações interessantes. "Guardo a lembrança de um homem admirável", dirá ele, "e de uma grande e simpática mensageira-ciclista cuja coragem eu admirava."

O outro amigo do casal era mais visível. As visitas de Joseph Kessel e sua amiga Germaine Sablon a La Cisampo não passavam desapercebidas. O álcool rolava em grandes quantidades, mais do que de hábito; e se Jacques e Lotka podiam beber além da medida sem nunca ficarem bêbados, Kessel era um bêbado barulhento. A gritaria era considerável e alvoroçava os vizinhos. Certo dia em que Jacques tentava moderar as vociferações do amigo mostrando-lhe os bons franceses à espreita no jardim do lado, o escritor saltou para o terraço e, em meio à hilaridade geral, gritou: "Viva Hitler!"

Este gênero de confusão não tem espaço hoje com os Pascalis. Ao redor da mesa, fala-se de trabalho. Gaston Pascalis (pseudônimo: Sag) é especialista em códigos da F2, isto é, transcreve os relatórios e telegramas com a ajuda de grades e tábuas guardadas em um grosso caderno escondido no jardim. Quando, um ano mais tarde, a pequena Aude de Prévaux foi batizada em Opio, Pascalis substituiu o padrinho: Sliwinski, escolhido apesar de sua prisão, ainda estava preso. Quanto a Mathilde Pascalis, encontrou Lotka por acaso no Midi: elas haviam se conhecido em Paris, em 1938, no Louis Philippe, o pequeno instituto de beleza cuja diretora, Eva Peralla, era amiga de infância de Mathilde, e onde Lotka trabalhava.

As duas mulheres evocam o curioso destino que levara a emigrante polonesa dos salões resplandecentes de Vionnet à obscura tarefa de correio clandestino. "Eu poderia imaginar-me como faxineira, mas nunca como espiã...", deixa escapar Lotka com uma risada. O tom é leve, como só ela sabe fazer para tratar com pudor de assuntos graves. "Mas tu foste feita para isso", responde Jacques com admiração.

Lotka (pseudônimo: Kalo) acabava de voltar de uma missão difícil e sua desenvoltura escondia um imenso alívio. Ela levara para Paris, passando ilesa a linha de demarcação, uma grande mala com a correspondência destinada a Sliwinski. Graças à organização quase profissional da F2, tudo se passou sem contratempos: seus papéis falsos resistiram a toda prova — ela tem, depois da entrada dos dois na rede, uma esplêndida verdadeira/falsa carteira de identidade em nome de Jacqueline Chebrou, nascida Pajot, domiciliada em Laval. A rede de atravessadores é absolutamente confiável, sobretudo o seu elo fundamental: a dona da livraria da rua Carnot em Monceau-les-Mines, Madame Forest, cuja bicicleta teve muita serventia naqueles tempos.

Contudo, Jacques ainda estremecia pelos riscos que ela correra. Mesmo enfiada em um horrível impermeável e com a cabeça coberta por um lencinho ordinário, Lotka não passava desapercebida: seu tamanho, seu porte distinto atraem forçosamente a atenção. Mais perigoso, o leve — e charmoso — sotaque da Europa central que ela ainda guarda poderia despertar curiosidade. Em suma, ela realmente não tem um perfil de agente secreto... Sem contar que um grão de areia pode travar toda a máquina: dez minutos de atraso para um encontro e tudo vai por água abaixo e, se é possível no caso de prisão sumir com uma mensagem, até mesmo com um relatório datilografado em papel-da-índia, como dar sumiço a uma mala inteira de documentos comprometedores? Ela realizou uma verdadeira façanha, que iria lhe valer a Cruz da Bravura concedida pelo governo polonês em Londres, em 12 de setembro de 1942.

Na rede, Lotka serviu primeiro como secretária de Jacques. Depois ela reclamou tarefas mais perigosas e logo tornou-se "agente encarregado de missões especiais" e mensageira do chefe da rede F2. Ao sistema clássico de "caixa postal", a rede preferia o de "correios", que considerava mais seguro, pois os agentes de ligação encontravam seus interlocutores sempre em locais diferentes: por exemplo, o compartimento 2 da litorina Toulon-Bandol de 10:18. Quantas viagens fez na linha Nice-Toulon-Marselha ao longo daquele ano de 1942 — na verdade, até o momento em que ficou grávida. Ela também transportou até Lyon os relatórios elaborados pela rede — várias centenas de páginas, mapas e planos dos dispositivos inimigos. As ordens previam que o correio deveria esperar pelas instruções, o que significava passar a noite em Lyon, em algum lugar, de preferência na casa de um porteiro — a melhor maneira de estar seguro de não ser denunciado. Quanto a suas "missões especiais", algumas realmente eram "especiais", como aquela que consistia em acompanhar Sliwinski a Paris fazendo-se passar por um casal apaixonado para evitar perguntas incômodas; a maioria delas era importante e perigosa: garantir as ligações com os americanos, escoltar militares aliados.

Era preciso um certo destemor. E Lotka, que vimos prostrada pela ausência de Jacques, é uma mulher de grandes circunstâncias. Abatida por pequenas contrariedades, desamparada diante de um estúpido problema doméstico, ela encontra em si fontes ignoradas quando a situação é grave. Como se de repente uma outra Lotka tomasse o lugar da Lotka habitual, ela decide sem hesitar e age resolutamente e sem medo. Seu único comentário sobre a proeza realizada foi: "Com aquela encomenda tão incômoda, fiquei um pouco preocupada com a passagem..." Pascal, que substituiu Sliwinski à frente da F2 quando este foi preso, escreveu a seguinte apreciação em sua proposta de atribuição da Medalha da Resistência a Lotka (outorgada em 5 de junho de 1945): "Em todas as missões que lhe foram confiadas, demonstrou um extraordinário sangue-frio, uma coragem exemplar e uma notável tenacidade."

Por sua vez, Jacques lançou-se com toda a energia e senso de organização no trabalho da rede. Ele fora recrutado inicialmente como um simples informante, um daqueles trezentos agentes subalternos encarregados de recolher informações sobre a atividade das tropas inimigas.

Eles eram cuidadosamente escolhidos em função de critérios extremamente severos: disciplina, exatidão, discrição e eficiência. Cada um era encarregado de um determinado setor: um levantava os movimentos de soldados em tal estrada, com o número de viaturas, as insígnias, as bandeirolas; outro anotava os trabalhos efetuados em uma certa fortificação ou as mínimas mudanças observadas em tal campo de minas, verdadeiro ou falso; um empregado dos transportes ferroviários copiava os borderôs de carregamento dos trens; alguém vigiava o abastecimento de víveres frescos e um outro ainda os movimentos dos permissionários.

Este trabalho de formiga resultava em uma massa de informações que se empilhavam nas escrivaninhas dos chefes de setor, um para cada grande cidade. No começo a F2 funcionava apenas em Toulon, Marselha, La Ciotat e Nice; depois a rede estendera-se por toda a costa mediterrânea, subdividindo-se em sub-redes, subsetores e outras entidades administrativas. Os chefes de setor só deveriam transmitir aos escalões superiores as informações seguras e imediatamente usáveis; cabia-lhes controlar, triar, classificar e sintetizar os dados recolhidos pelos agentes, um trabalho enorme que tinha que ser fechado em um ou dois dias, duas vezes por mês e na clandestinidade. Isto implicava, entre outras coisas, deslocar a "central" a cada duas semanas, pois o local — um escritório, uma peça qualquer — onde ela se instalava para este trabalho de síntese e redação não poderia ser descoberto de jeito nenhum: cheio de documentos, mapas, relatórios dos diversos agentes que não poderiam ser destruídos, era preciso organizar e manter arquivos para a elaboração do próximo relatório.

Cada chefe de setor transmitia seu relatório para o escritório central de estudos em Nice, que elaborava o relatório central da rede, sendo as informações mais urgentes transmitidas por rádio. O relatório central — que cobria, em grosso, um período de duas semanas — chegava a Londres por diversas vias: através de atravessadores via Espanha e Gibraltar, por um lado, via Vichy por outro, ou era entregue ao adido naval dos Estados-Unidos; mais tarde, via Suíça por intermédio de "Monsenhor", um padre suíço instalado em Grenoble. Um documento volumoso de várias centenas de páginas (logo microfotografado com uma Leica) com mapas detalhados e croquis, precisando os seguintes pontos para o exército de ocupação: a ordem de batalha e os movimentos; as fortificações, os campos de aviação, os postos de DCA, o desenvolvimento de novos materiais, os resultados dos bombardeios no continente; as bases navais, canteiros, arsenais, fortificações costeiras, os movimentos da Marinha Mercante; os transportes ferroviários e rodoviários; enfim, informações sobre o estado da produção, a mão-de-obra e o rendimento das fábricas e estabelecimentos de material de guerra.

Além do Bureau de Códigos, de um serviço de fabricação de papéis falsos e de um serviço de correios, a F2 comportava um setor político encarregado de manter contato com os representantes dos países neutros em Vichy; assim, a rede poderia informar Londres dos bastidores da atividade diplomática alemã em Vichy. O setor político servia também de traço de união entre a F2 e outros movimentos de resistência. As redes não eram estritamente fechadas, apesar das senhas de segurança. Elas emprestavam-se freqüentemente os agentes, em função das possibilidades e das missões a cumprir; muitos daqueles que forneciam informações à F2 faziam parte de grupos de ação armada ou de sabotagem. Como a F2 foi a primeira rede a dispor de contatos por rádio com Londres, continuou a servir de intermediária: quase sempre os relatórios transmitidos incluíam mensagens de outros grupos ou redes — pedidos de pára-quedas, fundos etc. — e além disso a F2 franqueava também o uso de suas infra-estruturas de evacuação via Gibraltar ou Suíça.

Rede composta por amadores, a F2 funcionou com um profissionalismo de dar inveja a muitos SR. Gaston Havard recorda todas as precauções tomadas para o recrutamento de um agente, a importância dada à exatidão, já que os encontros marcados eram simples encontros em um dado itinerário, o hábito da revista: "Um agente não pode carregar consigo nada de comprometedor... em conseqüência, todos têm o direito e a orientação de revistar periodicamente os seus subordinados, bolsos e carteiras." Este hábito tem ainda a vantagem de permitir que se saiba exatamente o que um agente que tenha sido preso carregava, dificultando assim novas prisões. "Recordando todas estas precauções que outros consideravam excessivas", escreve Havard com orgulho, "não pude me impedir de pensar que é provavelmente a elas que devemos, em grande parte, o fato de não termos que lamentar nenhuma prisão em Toulon de 1940 à Liberação."

Depois de ter "feito suas provas" durante três meses como simples informante e, portanto, de aceitar que seus bolsos fossem revistados, Prévaux foi integrado oficialmente à F2 em abril de 1942, como adjunto de Sliwinski, encarregado especialmente da Marinha. Assume então a responsabilidade por um dos dois setores de Toulon (a equipe Havard-Brun era encarregada do outro) e escolhe Lévy-Rueff (Vir) para secundá-lo.

Mas a invasão da zona livre logo iria complicar a tarefa dos resistentes.

6

O combate na sombra

No outono de 1942, a Wehrmacht se preparava para invadir a Zona Sul. Isso significava, no plano militar, o desarmamento das tropas do armistício acantonadas ao sul da linha de demarcação e o controle dos alemães sobre a frota francesa em Toulon — a operação "Lila". Os Aliados tentam saber qual será a reação da Marinha. Irá submeter-se pura e simplesmente aos alemães, entregando os navios sem disparar um tiro sequer? Pode-se esperar, apesar da lembrança de Mers el-Kebir, que um certo número de barcos decidam juntar-se à frota inglesa? Quantos? Quais? Pode-se, pelo menos, contar com a aceitação de uma ordem de danificação das embarcações a fim de impedir que a frota inimiga tomasse as cerca de cem unidades baseadas em Toulon?

A F2 recebe de Londres, em julho de 1942, um despacho pedindo um relatório sobre a atitude provável do almirante Laborde e dos oficiais comandantes dos navios — entre os quais três couraçados, sete cruzadores e quinze submarinos. Prévaux, que conhece bem a Marinha e o estado de espírito que domina os ambientes militares de Toulon, tem que confessar que a maioria dos oficiais se interessa mais por tênis do que pela retomada dos combates... Em um relatório profético, conclui brutalmente que "em nenhum caso os oficiais da Marinha francesa aceitarão colocar-se ao lado dos ingleses. Tudo o que se pode esperar é que os navios sejam danificados".

E foi necessário um subterfúgio, ou a utilização das dificuldades de comunicação, para consegui-lo. O desenrolar da operação é assim narrado no *Historique du réseau Azur*: "No dia 27 de novembro, às 5 h da manhã, os blindados [alemães] estão às portas do Arsenal [...] Eles vão tentar persuadir os barcos, que estão todos no cais [...] Os marinheiros não permitem que subam a bordo. Durante esse tempo, o telefone não pára: pedidos de ordens a Vichy. Mas a central telefônica está sob o controle de nossos agentes; um deles compreende que Vichy está dando ordens de se submeter; corta então a comunicação, dizendo a Vichy que os alemães cortaram a ligação com o almirante e a este último que a linha com Vichy foi cortada." Laval, de fato, vangloriava-se de negociar e mandava "evitar qualquer incidente" — em outros termos, abandonar a frota sem um tiro sequer —, precisando que tal orientação "modificava as ordens recebidas anteriormente", isto é, as ordens secretas de danificar embarcações dadas por Darlan em 22 de junho de 1940. Como não recebia novas instruções de Laval, o almirante Laborde mandou finalmente executar as orientações de 1940, e deu ordem de danificação. Apenas quatro submarinos decidem fazer-se ao largo: um deles irá se chocar com uma mina, não voltando ao porto; os três outros, o *Casabianca*, o *Glorieux* e o *Marsouin* conseguirão chegar à África do Norte. O grosso da frota foi danificado, com resultados variáveis: alguns barcos afundaram, irrecuperáveis para os alemães;

outros entregaram intactas armas e munições e, às vezes, uma despensa cheia e devidamente inventariada como adicional...

"Nossa equipe superou-se naquele dia", lê-se no mesmo *Historique*, que explica como o setor Toulon da F2 distribuíra o trabalho entre os agentes, exigindo "um resultado completo e quase imediato". "Pudemos ver, naquela tarde mesmo, o estado de destruição da cada barco, e isto apesar de os alemães proibirem qualquer aproximação por terra ou por mar. Estas primeiras informações foram em seguida verificadas e revelaram-se perfeitamente exatas. Ao mesmo tempo, tínhamos os efetivos dos alemães, os nomes de suas unidades, seus locais de acantonamento, seus armamentos, o número de suas viaturas etc. O relatório especial expedido no dia 28 [dia seguinte à destruição da frota] pelo trem das 6 h da manhã era um modelo de clareza e precisão."

Compreende-se que os ingleses tenham ficado satisfeitos com o trabalho da F2, eles que já haviam apreciado o lúcido relatório de Prévaux sobre o estado de espírito da Marinha em Toulon.

Este foi um dos pontos sobre os quais apoiou-se o Estado-Maior da Marinha para outorgar-lhe a *Distinguished Service Order*. Esta condecoração raramente é atribuída a um estrangeiro: durante a guerra oito marinheiros franceses seriam considerados dignos de tão prestigiosa insígnia pelos serviços prestados aos Aliados. Em 30 de janeiro de 1943, Prévaux seria o primeiro a obtê-la, e de longe, depois de apenas nove meses de um trabalho já reconhecido como excepcional.

Naquele final de 1942, a F2 corre os maiores perigos. Com a ocupação da Zona Sul — a Wehrmacht ultrapassou no dia 11 de novembro a linha de demarcação —, o inimigo instalou-se em Marselha, Toulon e Nice: as estações são vigiadas, as ruas, as praças não são mais seguras; os agentes têm que redobrar as precauções para transmitir informações cada vez mais difíceis de recolher. Embora os alemães estivessem presentes no Arsenal de Toulon e nas bases aeronavais, era o exército italiano que ocupava a região, uma ocupação relativamente leve. No entanto, o fim da ficção da "zona livre" reforçou os sentimentos patrióticos e a repressão contra a Resistência.

Londres advertiu a F2 da iminência da ocupação, aconselhando a evacuação dos principais agentes. Recusa categórica da quase totalidade dentre eles: nada de abandonar o combate. Mas não se tratava simplesmente de coragem: a rede tem que continuar a funcionar e teme-se que os serviços de contra-espionagem alemães e italianos a destruam. Os responsáveis tomam então uma série de decisões para organizar a passagem para um grau superior de clandestinidade: os agentes descobertos e ameaçados são evacuados imediatamente, os poloneses, sobretudo, devem deixar a área; os arquivos são reduzidos ao mínimo estritamente necessário; setores mais expostos são dissolvidos, os outros preparam-se para funcionar de modo autônomo. O PC da F2 deve retirar-se para a região de Grenoble-Chambéry; concretamente, um encontro dos principais responsáveis é previsto para o dia 6 de janeiro em Grenoble.

Entretanto, apesar dessas medidas de segurança, os alemães, informados por delatores recrutados entre os "bons franceses" e por um pequeno número de agentes infiltrados na rede, conseguem prender alguns agentes. A maioria escapa *in extremis* das ratoeiras e consegue prevenir seus contatos, arranjar-se para informar que os encontros estão anulados, a caixa postal queimada e o fazem em tempo de destruir ou mudar de lugar os papéis comprometedores. Nenhum dos agentes presos revelará o que quer que seja; alguns ao preço da própria vida. Como Georges Makowski (Gin), braço-direito de Prévaux em Nice. Em julho de 1943, apesar de prevenido por Vox de que fora descoberto, ele voltou à própria casa para destruir tudo o que pudesse comprometer a rede. "Enquanto ele acabava de queimar seus papéis, agentes da Gestapo, acompanhados por carabineiros, derrubaram a porta. Ele sempre dissera que tinha medo de falar se fosse torturado: no momento em que os carabineiros iam pegá-lo, ele pulou pela janela; era o sexto andar..." Auguste-Henri Brun — o sindicalista, indefectível associado de Havard — também foi preso: caiu em Nice em uma armadilha montada por franco-maçons que deveriam passar-lhe algumas informações. Foi torturado e deportado.

Mas os alemães foram mais rápidos que a estratégia de retirada da F2. Alguns dias antes da "mudança" da rede para Grenoble, os serviços alemães de contra-espionagem conseguem pegar seu chefe. No dia seguinte ao Natal, a Abwehr, informada por um agente duplo, organiza com os serviços secretos italianos uma blitz em Nice. Cerca de trinta pessoas são presas, entre as quais Sliwinski. Ele consegue escapar das mãos dos carabineiros mas, após um breve tiroteio nas ruas de Nice, é pego de novo e preso.

A rede está decapitada. Mas não está aniquilada: os agentes, submetidos à tortura, não entregam nenhum nome e o conjunto da organização permanece intacto, com seus informantes, seu material, seus quinze postos emissores, seus códigos. Até mesmo a substituição de Sliwinski se dá sem dificuldades: Vincent Rozwadowski (Pascal), que o próprio Sliwinski designara para sucedê-lo no novo dispositivo clandestino, simplesmente assume a direção da rede algumas semanas antes do previsto.

Foi justamente nesse momento que Prévaux tomou a decisão crucial de permanecer na França. Ele dedicou-se à sua missão de agente de informações na F2 com a mesma consciência que punha em tudo que se dispunha a fazer, mas seu objetivo ainda era o de ir para Londres retomar seu lugar no seu Estado-Maior, que era evidentemente aquele das FNFL[3]. Sua carreira o chama para perto de De Gaulle. Naquele início de 1943, as FNFL contam somente com uns poucos oficiais generais e o Estado-Maior da Marinha precisa de reforços. A condução da guerra naval é uma tarefa apaixonante, para a qual ele se considera competente. Sem contar que aos 55 anos é sua última oportunidade de promoção... Mas a onda de prisões que acabara de se abater sobre a F2 colocava a existência da rede em perigo; era preciso encontrar os quadros para reconstruir a organização e dar continuidade ao trabalho. De nada vale a vontade de juntar-se às FNFL, Prévaux sabe, no fundo, que é mais útil em Toulon do que em Londres. Partir agora seria fugir da batalha, abandonar os companheiros em dificuldades, em suma, desertar. Os valores que herdou de sua formação católica — o dever — e de sua formação militar — a honra — mandam que prossiga o combate na França. A decisão é tomada sem hesitação, mas com a morte na alma: é renunciar à Marinha, a seu ofício; viver no risco permanente de ser denunciado e preso, e de levar Lotka com ele. Finalmente, ela espera um bebê: Jacques e ela são só alegria, mas não pensam um instante sequer em abandonar a luta.

[3]Forças Navais Francesas Livres.

A F2 entra imediatamente em hibernação. Por prudência, é certo, mas também porque é preciso refazer os fios dos contatos com Londres e convencer o Estado-Maior polonês de que as condições de segurança estão outra vez garantidas. Isso aconteceria no mês de fevereiro. O trabalho pôde, então, ser retomado, com uma nova organização, e sobretudo com orientações reforçadas de prudência. Naquele começo de 1943, a luta interior na França efetivamente intensificara-se. Com a instituição do STO, os maquis começaram a se organizar, as redes armadas se multiplicaram e sua atividade cresceu. Os alemães, que conhecem sua primeira derrota militar no front soviético, retiram-se para a "fortaleza Europa" e redobram esforços para garantir uma total liberdade de ação no território francês. Os serviços de contra-espionagem aumentam seu poderio: com a ajuda eficaz da milícia, controles, blitz, prisões se multiplicam. A F2 deve adaptar-se a condições de trabalho mais difíceis e, ao mesmo tempo, fornecer mais rapidamente informações mais completas. Trata-se, por exemplo, de transmitir aos Aliados, rapidamente, informações sobre a eficácia de seus ataques aéreos, para que retifiquem o tiro, e não apenas por uma questão de eficácia, mas para poupar vítimas civis; de dar ciência, de preferência antes que estejam prontas, das fortificações alemãs no Atlântico e no Mediterrâneo; de assinalar todos os movimentos das unidades inimigas nos portos de guerra, os reparos em curso, as datas em que os barcos identificados irão deixar os estaleiros. O objetivo final é claro: fornecer a Londres todos os elementos sobre o inimigo, em particular para permitir as operações de desembarque e manter a capacidade plena de trabalho da rede até este dia.

Objetivo plenamente atingido. Ouçamos o que o general de Lattre declarou em Draguignan, em 16 de agosto de

1946: "Afirmo aqui que a exatidão, a importância, a inteligência das informações que foram fornecidas ao Comando aliado pela Resistência dessa região, antes do desembarque, foram um dos fatores determinantes do sucesso da operação. Ordem de batalha e movimentos do inimigo, colocação de suas unidades, de suas organizações defensivas, de suas baterias, tudo foi indicado detalhadamente. Não houve um trabalho, um assestamento de metralhadora que não fosse perfeitamente conhecido e indicado, nenhum campo de minas cuja situação e mesmo extensão não fossem determinados pela Resistência..." Havard recorda estas confidências de um soldado dos blindados na batalha de Toulon: "Ele falou-me da surpresa, sua e de seus camaradas, quando, algumas horas antes de desembarcarem na praia de Saint-Raphaël, eles receberam para cada tanque uma cópia do mapa de estado-maior da região, na qual estavam indicadas todas as minas, verdadeiras ou falsas. Ele garantiu-me que nenhum tanque tinha explodido com uma mina entre Saint-Raphaël e Toulon." E de Lattre concluiu: "Quem falará jamais do prodigioso mérito daqueles homens que, com um heroísmo sorridente e tranqüilo, circulavam, pondo em risco a própria vida, em meio às instalações inimigas, transmitindo suas informações através de postos clandestinos de rádio, cuja captura constituía uma das missões essenciais da Gestapo, ou iam levá-las até a água, nas barbas dos espiões e vedetas alemães, a um submarino recém-chegado da África?"

7

A prisão dos Leitner

Há muito tempo Lotka preocupa-se com seus pais, assim como por sua irmã e seu cunhado. Mania, que tinha sete anos menos que ela, era a exceção, o único filho em toda a família que ficou em casa. Ela encheu os pais de alegria ao aceitar um verdadeiro casamento judeu, arranjado por uma casamenteira. O prometido, Kouba Distenfeld, era um homem próspero, um negociante de peles, vinte anos mais velho que ela, que tocava violino com talento. Quando, em 1942, os Distenfeld cruzaram discretamente a linha de demarcação, Lotka, que os adora, pede encarecidamente a Jacques que encontre um lugar seguro para eles no Midi. Eles se instalam em Nice e os dois casais se vêem, se escrevem, se encorajam mutuamente a suportar as dificuldades dos tempos e compartilham os poucos mantimentos conquistados depois de árdua luta.

Os pais ficam, portanto, sozinhos em Paris. O pequeno ateliê de "Bordados, plissados, botões" na rua Legendre 78, no 17º distrito, fechara e eles não tinham outro recurso senão suas economias e a ajuda dos filhos. Jacques envia cheques postais de Châtellerault, onde é agente de seguros e hipnoterapeuta; Willy manda regularmente uma mala cheia de ovos, manteiga, legumes; o filho mais velho, Milan, que fora feito prisioneiro, retornara a Paris, mas Jeanne e ele apareciam muito pouco, por vontade própria, para vêlos. Eles deveriam deixar Paris, mas para onde ir? Na idade deles — 68 e 73 anos — qualquer deslocamento é penoso, sobretudo naquela época em que os transportes eram caóticos; no campo eles chamariam muita atenção para que pudessem ficar escondidos e, ademais, a carta de identidade de ambos trazia aquele carimbo em letras grandes: "JUDEU".

Lotka preocupava-se muito com eles. As cartas patéticas que recebia de tempos em tempos, às vezes em francês, às vezes em iídiche, faziam alusão ao perigo que os ameaçava depois que foram obrigados a usar a estrela amarela, e ao qual resignavam-se ("Passamos por momentos difíceis, mas as coisas melhoraram um pouco", escrevia Bertha. "Voltaram as batidas contra estrangeiros de menos de 65 anos. Felizmente, tenho 68. Mas quem sabe? Talvez acabe acontecendo comigo algum dia."). Em seu abandono eles ainda encontravam forças para preocuparem-se com a saúde de Lotka, que estava grávida, e enviar-lhe pacotes com bolos e manteiga, impossíveis de se encontrar no Midi, pedindo que mandasse de volta as embalagens. Lotka queria ir a Paris para vê-los: ainda que não fizesse nada, uma tal viagem seria impensável em seu estado. Eles mesmos regozijavam-se por saber as duas filhas em segurança no Midi e mostravam-se profundamente reconhecidos a Jacques que velava por Mania e Kouba.

No dia 11 de fevereiro a polícia desembarca na rua Legendre. Teve que bater na porta com toda a força para acordar a zeladora — são duas horas da manhã. A sra. Lelong tem sangue-frio e emprega toda a sua energia para persuadir o inspetor de que sua chegada fora inútil. "Os Leitner? Por Deus, há vários dias que não os vejo. Seguramente tiveram que partir, senão eu os teria visto, acredite. Tiveram que partir, eles até falaram nisso..." A corajosa mulher mostra-se tão categórica que os policiais se convencem; mas vão de qualquer modo bater à porta, pela formalidade. Os olhos arregalados no escuro, encolhidos em seu leito, Bertha e Isidore ouvem tremendo o barulho dos passos que se aproximam e as batidas cada vez mais fortes. Isidore murmura: "Vou fechar a porta, basta não responder e eles pensarão que não tem ninguém." Mas girando a chave com a mão trêmula ele a quebra na fechadura, revelando assim que o apartamento está ocupado. Basta-lhes arrombar a porta. "Sua mãe", escreve a sra. Lelong a Lotka, "foi muito corajosa, nem uma lágrima nos olhos; seu pai, que quando da chegada dos policiais teve um momento de fraqueza, recuperou-se logo. Existe, acredite, muita energia nas pessoas idosas." Jeanne é atormentada pelo remorso, pois, na véspera ou antevéspera, implorara aos sogros que não dormissem mais em casa; eles recusaram-se dizendo: "Vamos esperar que eles venham uma primeira vez, em seguida partiremos." Ela deveria ter insistido.

De início, Isidore e Bertha são internados em um campo de trânsito de Drancy. Os filhos mobilizam-se para ajudá-los. Cada um tem direito a um pacote de três quilos por semana; Willy envia os gêneros que Jeanne cozinha para fazer para eles bolos nutritivos, geléias. No começo, uma pequena esperança subsiste de que eles sejam hospitalizados e permaneçam em Drancy; porém, como escreve Jeanne a Lotka, "até os 75 anos, e às vezes mais, vai-se mais longe". Para Auschwitz. Os Leitner partem no dia 2 de março no comboio 49. Sua última mensagem é uma carta para a porteira, postada no campo de Drancy, com estas poucas linhas escritas a lápis: "Cara senhora, meu marido e eu partiremos amanhã para destino desconhecido. Somos corajosos. Peço-lhe que previna minha amiga da rua Saint-Placide [Jeanne]. Não escreverei para meus filhos e peço-lhe que nada escreva a eles também. Agradeço por todos os serviços que nos prestou. Envio-lhe minha afeição. Bertha Leitner." Não se sabe se eles chegaram a Auschwitz; muitos deportados morriam nos comboios especiais e, na chegada, os mais fracos e idosos, inaptos, portanto, para o trabalho, eram imediatamente eliminados.

Mania e Kouba Distenfeld foram presos um ano mais tarde e partiram no dia 13 de abril de 1944, no comboio 71, um dos últimos a levar judeus para Auschwitz. Nem eles nem seus pais retornariam.

Lotka não foi inquietada por sua origem judaica. É certo que, em outubro de 1941, houve um alerta angustiante: a polícia fez uma investigação sobre os judeus que habitavam o Rayol, do qual Pramousquier dependia. Ora, a lei de 19 de maio de 1941 permitia ao Alto Comissário das Questões Judaicas, Xavier Vallat, ordenar "qualquer medida de polícia recomendada pelo interesse geral", sem distinções entre franceses e estrangeiros. Isso poderia significar a internação. O caso teve fim com uma simples enquete.

As autoridades sabiam, no entanto, que Lotka era judia, ao mesmo tempo porque fora obrigada a declarar-se como tal no Rayol e por um atestado do próprio Jacques. Um decreto de 2 de junho de 1941 instituíra um recenseamento de todos os judeus que se encontrassem em zona não ocupada: eles deveriam fazer uma declaração indicando que eram judeus, o marido deveria fazer a notificação por sua mulher. Quando, no mês de agosto, Prévaux recebeu por via hierárquica o formulário que os oficiais e funcionários deveriam preencher, ele omitiu conscienciosamente a ascendência judaica de Lotka. Algumas semanas depois, em 28 de outubro, ele faz tudo o que pode para fazer chegar em tempo a Vichy uma retificação precisando que sua esposa é judia... esta perturbadora declaração pode ser explicada de várias maneiras. Ingenuidade, talvez: muitos foram os judeus que caíram na armadilha da legalidade, da ilusão de que estar em regra com as leis, mesmo infames, seria uma proteção contra a arbitrariedade. Habilidade, sem dúvida: Prévaux já estava em contato com agentes da Azur-F2 e aprontava-se — pensava ele — para partir clandestinamente para Londres; ele poderia considerar astucioso adormecer eventuais desconfianças exibindo uma honestidade digna de confiança.

O próprio Jacques explica de outro modo a sua atitude. A primeira declaração, afirmando que Lotka era ariana: "Cometi este erro em um impulso, um acesso de indignação, de revolta bem compreensível contra esta inquisição contra aquilo que tenho de mais caro no mundo." A retificação, proclamando que Lotka era realmente judia: "sentia a alma ferida por aquela mentira que só aceitei por um estremecimento de dignidade ofendida em teu lugar... Muitas vezes fui visitado por uma espécie de remorso ou de apreensão... Estou aliviado, a verdade é bela e doce como tu." A retidão moral, a franqueza, não importa quais fossem as conseqüências (e para ele também, sobretudo no combate clandestino que empreendia e do qual não poderia ignorar os perigos) são para Prévaux valores absolutos.

8

Vox em perigo

No dia 15 de maio de 1943, Prévaux-Vox assume o comando da sub-rede "Anne" que reúne os setores de Toulon, de Marselha e de Nice. Depois da volta à atividade da F2, após a prisão de seu chefe, Sliwinski, Pascal, que o substituíra, reorganizou as estruturas. O setor mediterrâneo, o mais importante, foi transformado em "sub-rede", designado pelo prenome "Anne", sob o qual deverão operar diversos setores geográficos. Edwin foi o primeiro chefe de "Anne"; em seguida, na primavera, ele foi enviado para o norte da França para retomar os setores de Paris e da Normandia, que vegetavam depois da prisão de seus principais agentes; Jacques foi então escolhido para dirigir a "Anne", enquanto seu ajudante-de-ordens, Lévy-Rueff, assumia a responsabilidade por Toulon II.

Esta "promoção" significava para Prévaux um trabalho mais intenso e sobretudo um deslocamento do centro de suas atividades de Toulon para os Alpes Marítimos, em Cannes e Nice. O PC da F2 estabelecera-se, de fato, em Nice, com sua célula rádio, os dois postos transmissores, o código e o secretariado, enquanto o Bureau de Estudos da "Anne" — que, sob as ordens de Prévaux, será responsável igualmente pelo relatório geral da F2 — estava instalado em Cannes. Jacques, que tinha apenas uns cinqüenta quilômetros a percorrer para ir de Pramousquier a Toulon, agora teria que fazer oitenta quilômetros para chegar a Nice.

Ele leva então uma vida cansativa, dividido entre a gestão da SPAM[4], a direção da rede e a atenção redobrada que exigia uma Lotka grávida e abalada pela deportação dos pais. A SPAM, sozinha, bastaria para ocupá-lo: a renda que obtém da empresa de produtos substitutivos justificaria que ele lhe dedicasse tempo e energia. Prévaux está, desde o mês de abril, na reserva, e sua pensão é exígua demais para sustentar três pessoas, ainda mais porque Blandine continua a exigir que ele pague a pensão alimentar e, ao menor atraso, o ameaça com uma queixa por abandono da família (a mais velha das filhas conta então 22 anos). A SPAM revela-se, ademais, uma cobertura inesperada para seus vários deslocamentos entre os setores da "Anne" e para seus contatos no interior da rede: ele nunca circula sem uma volumosa pasta transbordante de amostras de ceras ou de cremes de beleza, sob os quais desaparecem os documentos comprometedores.

Os transportes, sobretudo, são estafantes. Não é raro que ele durma cada noite em uma cidade diferente, em um hotel ou em algum apartamento alugado em Nice, Cannes, Saint-Raphaël. Como ele voltava assim que podia para junto de Lotka, perdia um tempo absurdo viajando, esperando, de pé em uma plataforma lotada, as litorinas atrasadas até

[4]Sociedade de Produtos Alimentares e Domésticos de Substituição, criada por Jacques de Prévaux.

uma hora; finalmente, fazia uma parte do trajeto de bicicleta: os dez quilômetros que o levavam até uma estação mais importante. E ele não chegava a seu destino, é claro, para se jogar numa poltrona de diretor. Assim como em Toulon, sob a batuta de Havard, as reuniões com os correios aconteciam na rua, ao longo de itinerários previamente combinados. Quando Lotka lia em uma das cartas de Jacques: "Hoje passei outro dia a caminhar", ela já sabia que Vox trabalhara para a F2.

Aos 55 anos, qualquer um estaria estafado com menos que isso. Jacques, que uma anemia conduzira ao hospital dois anos antes, enfraquecia, sofria de edema nas pernas, dores nas costas e adiava sempre para depois a operação necessária (não tinha tempo) e, cerrando os dentes, continuava suas peregrinações, passava noites organizando a rede, revendo relatórios de seus agentes, refazendo as contas da SPAM. E reencontrava com alegria aquele estado de exaltação que lhe era tão familiar quando comandava no mar, aquele fenômeno estranho em que, o corpo esvaziado pelo cansaço, o espírito sente-se alado.

No entanto, Lotka o preocupa. Ele mais ou menos obrigou-a a se mudar: era absurdo continuar a morar no Var. Encontrara uma casa em Opio, a alguns quilômetros de Grasse: assim ele poderia voltar mais freqüentemente, e menos cansado. Mas Lotka sente falta de Pramousquier. Ela está deprimida e, com a avanço da gravidez, não tem sequer o derivativo das missões difíceis. Prepara febrilmente o enxoval do bebê, se apavora por nada, com problemas como cueiros ou fraldas de menos. Sofre com aquele afastamento a algumas semanas apenas do parto, detesta "aquela casa horrorosa", não suporta a promiscuidade com um colocatário. Ela nunca vai se habituar a Castello San Peyre.

Três meses depois do nascimento de Aude, aliás, eles irão se instalar, todos os três, em Nice.

Entretanto, a sub-rede "Anne" desenvolve-se rapidamente sob a direção enérgica de Prévaux. Ao cabo de dois meses, cobre toda a costa mediterrânea, de Vintimille a Perpignan, transformando-se num modelo de rede, uma usina de informações funcionando a pleno vapor. Os relatórios que envia a Londres a cada duas semanas chegam, sozinhos, a duzentas páginas, contendo a ordem de batalha alemã e italiana completa, as fortificações da costa, o movimento das unidades navais, a atividade dos arsenais, a circulação em todos os campos de aviação e estradas de ferro.

A própria F2 cresceu e ramificou-se: em julho de 1943, cobre quase todo o território francês, com quatro sub-redes dotadas de encantadores prenomes femininos: Anne, Cécile, Madeleine e Félicie. Tem suas células de pára-quedismo e seus laboratórios descentralizados de documentos falsos capazes de produzir em uma noite um jogo completo, e de primeira ordem, de carteiras de identidade, de abastecimento, de ordens de ação, de autorizações alemãs para penetrar nas obras militares. Os transportes para a Alemanha estão perfeitamente organizados: a cada mês, na lua nova, um pequeno barco sob o comando de um oficial da Marinha de Guerra polonesa aporta em algum lugar entre Saint-Raphaël e Cannes: ele vem de Gibraltar para entregar material, pegar os relatórios e evacuar os agentes em perigo. O sistema já bem ajustado de ligações por rádio foi, nesse ínterim, aperfeiçoado: cada sub-rede tem sua própria ligação com Londres e um mecanismo de segurança complexo que permite que os postos de transmissão, fabricados quase em série por um "pianista" de gênio, Jérôme Stroweis (Carbo), funcionem a pleno vapor a despeito dos radiogoniômetros alemães. A central mantém até mesmo um posto e um pianista de reserva, à disposição dos setores inopinadamente necessitados...

Tudo isso graças à coragem de agentes que, presos pela Gestapo e submetidos a tortura, conseguiram não falar ou pelo menos agüentaram 48 horas ("Admitimos que um agente preso seria um herói se conseguisse suportar 48 horas sob tortura", escreve Havard), tempo necessário para que seus contatos, correios e caixas postais, alertados pelo não comparecimento a um encontro, limpem os locais e desapareçam no mundo. O prazo era suficiente também para que a equipe substituta, prevista para casos de infelicidade, conseguisse retomar o setor, dando seqüência ao trabalho em curso como se nada tivesse acontecido — completando, por exemplo, a redação do relatório que deve ser enviado naquela mesma noite. Graças também à sorte e à astúcia dos agentes presos que encontram um meio de prevenir os outros.

Em junho de 1943, por exemplo, "Anne" e a rede F2 inteira escaparam por um fio de uma armadilha armada pela Gestapo. Em Toulouse, a sub-rede "Félicie" acabara de cair nas mãos dos alemães; os agentes foram presos, os códigos e relatórios caíram nas mãos do inimigo, que descobriu assim o nome e o endereço da caixa postal da rede em Nice. O destino da rede pende por um fio. A Gestapo obriga o chefe da "Félicie" a redigir uma mensagem provocadora destinada a enganar seus contatos em Nice, mas ele consegue inserir na carta indícios suficientes para preveni-los do perigo. A central é imediatamente alertada. Prévaux toma as medidas de segurança: todos os agentes conhecidos de Toulouse são evacuados de Nice, todos os locais dos quais eles poderiam ter o endereço, esvaziados. Tudo vai bem? Não totalmente, pois Havard, que vinha todo mês a Nice para acertar as coisas com o patrão, tem um encontro marcado para o dia seguinte, e justamente em um dos locais queimados. É tarde demais para preveni-lo antes da partida de Toulon e não se sabe o horário de seu trem... Havard conta como escapou do atentado graças à coragem de Jacques, que não hesitou em correr um grande risco: "Baseando-se em minha mais que conhecida mania de exatidão, Vox [Prévaux] deu um jeito de cruzar comigo justamente no momento em que eu chegava ao imóvel (o local descoberto pela Gestapo) e continuou seu caminho sem se deter. Segui-o então até um jardim público, onde ele se sentou em um banco afastado, com uma vista desimpedida. Sentei-me a seu lado, depois de assegurar-me de que estávamos sós. Ele pôs-me ao corrente do que se passara e marcou um encontro em um local bom, onde tivemos nossa reunião de trabalho."

Uma série de prisões bem escolhidas confirmam, no entanto, que os serviços de informações alemães conheciam a existência da F2 e a buscavam ativamente. Os agentes presos viram, pregados nas paredes dos escritórios da Gestapo, vários esquemas representando a organização tal como eles a imaginavam, esforçando-se para desmontá-la em suas peças, sem conseguir. Os Alpes Marítimos em particular tornaram-se uma zona de alto risco. A central da rede mudou então de lugar — e não seria a última vez —, transferindo-se de Nice para a região de Rhône-Alpes, e os diferentes serviços instalaram-se em Lyon, Grenoble e Chambéry.

Apenas a sub-rede "Anne" ficou onde estava. Impossível deixar Nice. As informações fornecidas pela sub-rede de Vox são preciosas demais, e mais ainda naquele final de 1943. A guerra parece, enfim, estar chegando a um ponto decisivo em favor dos Aliados, e os projetos de desembarque na Normandia e nas costas da Provença tornam-se mais precisos. O objetivo da F2 é continuar a fornecer os elementos que permitam que as operações se realizem nas melhores condições e permanecer operacional até o dia do desembarque. O que implica na manutenção de "Anne" em Nice até o último momento.

Todavia, Prévaux corre perigo. Aumenta cada vez mais o risco de que seja descoberto. Sua vontade de obter um máximo de informações e de galvanizar seus homens o leva a colocar-se como exemplo, correndo assim grandes riscos. Confiante no destino, ele mal e mal cuida de se camuflar. Em março de 1944, Pascal, o chefe da F2, julga que é chegada a hora de deslocá-lo: todo mundo na rede o chama de "comandante", ele corre o risco de ser identificado. Pascal pretende trazer Vox para Lyon no lugar de Lévy-Rueff, que foi transferido do setor de Toulon quando sua origem israelita colocou-o em perigo.

Mas é tarde demais: no dia 29 de março Vox é preso.

9

Montluc

O laço fechou-se sobre Prévaux no dia 29 de março de 1944. Era uma quarta-feira comum de trabalho; ele tinha um encontro em Marselha com o responsável do setor, Jean Bringué (Kot), e levara consigo seus colaboradores mais próximos: Armand Fradin (Good) e Thérèse Bailet (Théo), assim como seu especialista em códigos, Gaston Pascalis (Sag). A reunião devia ser importante, pois contaria com a participação de todos os principais agentes da "Anne": a questão da transferência da central para Lyon estava seguramente na ordem do dia. Ao prender Vox e toda a equipe dirigente da "Anne" em Marselha, a Gestapo deu um belo golpe.

Com dois anos de experiência na organização clandestina, é inconcebível que Prévaux não tivesse tomado todas as precauções necessárias para que a reunião não fosse descoberta. Cada participante deveria ter chegado por trens e itinerários diversos e verificado se não era seguido, antes de dirigir-se, não simultaneamente, mas um depois do outro, a um local "bom", dotado, por segurança, de diversas saídas. Restam, então, duas explicações para a irrupção de policiais da Gestapo tão bem informados: ou alguém confessara sob tortura ou havia um traidor na rede. A primeira hipótese fora aventada por Lubicz, o chefe da F2, no telegrama enviado a Londres em 14 de abril para informar da prisão de Prévaux: "A causa é provavelmente a captura do correio do setor de Marselha no caminho até Vox." É também o que Henri Stroweis (pseudônimo: Balzac) diz ter ouvido em Montluc: um agente de Kot foi preso, falou e Kot não foi prevenido a tempo. A segunda é mais comumente aceita pelos membros da rede: eles acharam estranho que somente Mug tenha escapado da batida. Pouco depois, o mesmo Mug fez prender Balzac, um agente importante de Lyon, e pode-se deduzir daí que ele efetivamente trabalhava para os alemães. A coincidência é perturbadora: é plausível que ele tenha "entregue" a reunião de 29 de março.

No mesmo dia, a Gestapo arromba a porta do apartamento dos Prévaux na rua Rossini em Nice. Lotka acabara de chegar de Lyon com o correio e o dinheiro da sub-rede "Anne". Ela também é presa e tem apenas o tempo de empurrar seu bebê para os braços de Nana, a babá, sussurrando: "Rápido, esconda-a!" Aude acabara de completar nove meses e estava vestida como uma princesa: Lotka gastara verdadeiras fortunas para que uma costureira do Faubourg Saint-Honoré lhe enviasse vestidinhos enfeitados de casa-de-abelha, camisinhas de crepe-da-china de antes da guerra, tricôs de lã de carneiro forrados de seda. Aude encontrará refúgio na casinhola em que Nana, cujo nome verdadeiro é Josephine Schweizer, mora, em um bairro operário de Nice. Lotka pedira-lhe que não se separasse da criança sob nenhum pretexto: no começo, deveria guardá-la em sua própria casa e depois, quando o verão chegasse (ela estava bem lúcida a respeito da duração de sua detenção), deveria levá-la para o campo — para Cabris, por exemplo, na casa dos Mayrisch, cuja filha, Andrée Viénot, poderia ficar com ela. A fiel babá cuidaria de Aude durante nove meses, evitando empregos que se tornaram aleatórios e arranjando-se com os subsídios pagos pela rede. Em dezembro, ela levaria Aude até Paris, para a casa do irmão de Jacques.

De início, Prévaux ficou detido na prisão de Baumettes, em Marselha. Lotka é transferida para os interrogatórios, um pouco em Baumettes, um pouco na Hermitage, em Nice — dois dias aqui, dois ali, justamente para desorientá-la e derrubá-la à força do esgotamento. Em Baumettes, ela é levada à presença de Jacques, na esperança de que um dos dois fraqueje ao ver no rosto do outro os traços bem evidentes de suplícios cujo horror já era seu conhecido. Tudo em vão. Tanto quando colocados em presença um do outro para uma pretensa confrontação, em meio à vociferação raivosa de um porão entupido de policiais, quanto ao se entrecruzarem, como que por acaso, nos corredores sinistros da prisão, Jacques captura o olhar de Lotka e não o deixa mais, Lotka fica pendurada aos olhos de Jacques: um pequeno instante é suficiente para assegurá-los da própria força ou para fazê-la renascer: eles endireitam os ombros e, cabeça erguida, enfrentam impassíveis os seus carrascos.

Em seguida, em maio ou junho, são levados ao forte de Montluc, em Lyon, onde Klaus Barbie pratica suas atrocidades. Lotka não lhe foi entregue como "racial", o que lhe valeria a deportação imediata ou uma execução terrificante, fazendo parte, por exemplo, daquele comboio de 120 detentos levados na madrugada de 20 de agosto de 1944 para os bosques de Saint-Genis-Laval, sumariamente abatidos a tiros em uma casa abandonada e depois queimados, mortos ou vivos. Os responsáveis da F2 são interrogados por um comando especial da Gestapo, vindo de Berlim especialmente para o caso, e mais tarde por um capitão da Wehrmacht. Os interrogatórios têm lugar em uma casa requisitada especialmente para tal.

As ordens da Gestapo são de fazê-los falar a qualquer preço, Vox e Kalo. Sabia-se terem em mãos cinco ou seis dos principais chefes da rede F2, tão perigosa para as maquinações alemãs e até então impossível de liquidar. A Gestapo não tem dúvidas de que, usando os meios certos, seus reféns acabarão por entregar nomes e endereços. Jacques (matriculado sob o número 6585) e Lotka (matriculada sob o número 6575) são, portanto, tratados — fora dos interrogatórios, evidentemente — com alguma deferência, antes como oficiais prisioneiros de guerra. Eles estão separados, sozinhos em suas celas, enquanto a multidão de detentos está espremida em peças exíguas, infestadas de insetos (disso eles também não são poupados...), sem higiene nem ventilação. Em vez do habitual composto de pão e sopa, eles recebem, vez por outra, um pedaço de carne. Enfim, privilégio reservado às mulheres de oficiais, Lotka pôde, com os magros recursos disponíveis, lavar sua roupa e a do marido. Nos últimos tempos, Jacques fora autorizado a fumar, um favor devido ao fato de ter sido adido naval em Berlim e de ter conhecidos em comum com o capitão da Wehrmacht que o interroga.

A cela em que Jacques está encerrado é isolada; ele só sai dali estreitamente vigiado e para ser interrogado. Não tem qualquer possibilidade de comunicar-se com os companheiros detidos com ele. No entanto, ele consegue transmitir algumas informações por intermédio de Stroweis, que arranjou uma forma de falar com ele nos porões da Gestapo.

Sua principal preocupação, conforme relato de Stroweis, era que a rede continuasse a funcionar: havia instruções a serem passadas a certas redes. Foi também graças ao hábil e corajoso Stroweis que Jacques teve notícias de Lotka e de seus companheiros na prisão.

Teria ele sido informado de que o fim da guerra estava próximo, de que os alemães bateram em retirada na Normandia, de que os Aliados desembarcaram com sucesso em Provença no dia 15 de agosto? Era esse o objetivo de todos os seus esforços, a razão de ser do minucioso e difícil trabalho dos agentes da "Anne". É pouco provável que ele tenha sabido desses resultados, a não ser que o adivinhasse pelo nervosismo das SS que o transportavam e pela violência crescente de seus torturadores. Sozinho, afastado da solidariedade entre combatentes, ele encontrara em si mesmo a força para resistir à tortura.

A cela de Lotka, em compensação, ficava no meio do corredor e suas companheiras de detenção podiam, pela abertura das celas, vê-la passar acompanhada de uma carcereira, para a toalete ou para os dez minutos autorizados de passeio, ou até mesmo trocar algumas palavras com ela. Tratava-se, em geral, de transmitir as raras notícias que chegavam até Montluc. Lotka se esforça para convencer as outras de que o dia da liberação estava próximo e que era preciso resistir, não abdicar, não deixar escapar nada. "Não", assegura ela, "nós não seremos levadas para a Alemanha, seremos libertadas aqui mesmo." De sua janela, ela grita para o pátio: "Paciência, não vai demorar muito. Eles estão chegando!" Esse otimismo decidido esconde uma angústia lancinante: ela está mortalmente preocupada com a sorte de seu bebê, do qual não tem nenhuma notícia. E há sobretudo as torturas, inumanas — suplício da banheira, eletricidade — e outras, infamantes, que ela não consegue sequer descrever para suas companheiras, tal a vergonha que sente. Torturante também era ter que ouvir aqueles chamados, cada vez mais freqüentes, urrados ao alvorecer: "Fulano de tal, sem bagagem!", que, todos sabiam, significavam a morte, e ainda espreitar, o coração batendo, o próximo nome, que poderia ser o seu.

A partir de meados de agosto, os massacres de prisioneiros tornam-se cotidianos. Exasperado pelo aumento da potência dos maquis, encurralado pela pressão dos exércitos aliados que, da Normandia e da Provença, marcham em direção a Lyon, o quartel-general da Gestapo, na praça Bellecour, empreendeu uma sinistra operação de limpeza, tentando eliminar as desgraçadas testemunhas de sua barbárie. Todas as noites, agora, companheiros de cela são embarcados para uma destinação desconhecida. Aconteceu até mesmo de alguns deles serem trazidos de volta à prisão por falta de lugar nos caminhões — um sursis de algumas horas —, relatando então o horror.

Naquela atmosfera de medo, uma missa foi rezada, no dia 17, no pavilhão das mulheres. É o primeiro ofício religioso celebrado em Montluc... Todas participam, católicas ou não, com igual gravidade e recebem, trêmulas, a absolvição coletiva. O padre — alemão — não tem um coroinha para assisti-lo e faz apelo a um voluntário entre os fiéis. Lotka se propõe. Ela, que não é batizada, mas é profundamente crente, serve aquela primeira e última missa com uma intensa emoção.

Duas noites depois, no dia 19 de agosto portanto, às dezenove horas, o chamado fatal "sem bagagem" ressoa no forte de Montluc. Entre os 24 nomes de resistentes berrados nos corredores — vinte homens e quatro mulheres — estão os de Jacques e Lotka. De início, Lotka lança um grito de alegria: ela pensou que era a liberdade. Mas logo compreende que será executada. Em meio ao pranto de suas três companheiras, permanece digna. Na saída dos edifícios, o grupo passa às mãos de uma formação da SS armada até os dentes que, com o reforço de injúrias, invectivas e coronhadas, empurra os condenados para dentro de um caminhão. Destinação: o campo de aviação de Bron, a dez quilômetros do centro de Lyon. Lá, os prisioneiros são alinhados diante das fossas, a bem dizer buracos de obus, e fuzilados a metralhadora. Sem verificar se a morte é efetiva, os corpos são apressadamente recobertos com terra e entulho.

Quatro dias depois, o forte de Montluc seria abandonado pela Gestapo e os oitocentos sobreviventes liberados. No dia 2 de setembro a guarnição alemã bate em retirada. No dia 3 de setembro, o 1º Exército do general de Lattre entra em uma Lyon liberada.

Vox e Kalo falaram sob tortura? Não obstante os piores sofrimentos, nem Jacques nem Lotka cederam. Não entregaram nenhum nome. Se tivessem passado informações à Gestapo, teriam aniquilado a "Anne" e a F2. Eles são considerados por seus camaradas como heróis. Jacques não somente conseguiu não comprometer nenhum de seus chefes ou de seus subordinados, mas também assumiu todas as responsabilidades, com o fito de tornar mais leves as sanções que poderiam recair sobre aqueles que foram presos com ele.

Todas as prisioneiras que cruzaram com Lotka ficaram tocadas com sua coragem e sua dignidade. "Muitas suposições eram feitas a seu respeito nas celas. Algumas diziam que era 'americana', outras que era 'mulher de um chefe da Resistência'. Todas nós admirávamos a sua dignidade e sua calma aparente", escreve uma delas. Uma outra, ao falar "daquela bela e jovem senhora que nos reconfortava com sua coragem e seu otimismo", afirma: "Eu vi algumas mulheres corajosas durante os quinze meses que passei nas prisões alemãs, mas posso assegurar que jamais encontrei uma mulher tão corajosa e forte espiritualmente, quanto a sra. Prévaux... Se a palavra heroína, que ela certamente não apreciaria pois considerava natural tudo o que havia feito, pode-se aplicar a alguém, é justamente a ela." Ou então: "Eu me recordo de seu sorriso e de sua gentileza. Ela passou como uma fada em meio à minha miséria."

Anexos

Carreira militar de Jacques de Prévaux

1888	4 de abril, nascimento em Paris. Estudos em Saint-Joseph, Lille.
1906	Admitido na Escola Naval (terceiro).
1908	Saída da Escola Naval (quinto em 48).
1908/09	Cruzeiro de aplicação ao redor do mundo, *midship* no cruzador-escola *Duguay-Trouin*.
1910	Couraçado Charlemagne em Toulon: adido à artilharia principal e adjunto da timoneria.
1911	**5 de outubro: segundo-tenente.**
1912/13	*Janeiro*: cruzador de 2ª classe *Descartes* (Terra Nova e costa leste da América), adido ao serviço de eletricidade encarregado da segurança (até outubro de 1913).
1913/14	Em Toulon (até abril de 1914).
1914	*Abril*: 1ª Zona Naval, divisão de flotilhas: segundo oficial no torpedeiro de esquadra *Fanfare*. *Agosto*: oficial de manobra e oficial canhoneiro no torpedeiro de esquadra *Chasseur*.
1916	*Maio*: adjunto ao oficial fuzileiro no *Paris*. *Junho*: segundo oficial na canhoneira *Diligente*, divisão de patrulhas do Mediterrâneo oriental.

1917 *Junho a setembro*: curso em Saint-Cyr (Versailles), Aeronáutica naval; certificado de piloto de dirigível.
2 de agosto: tenente-capitão.

1917/20 *Outubro*: primeiro comando — Centro de Dirigíveis de Marquise-Rinxent, até novembro de 1919; depois comando de Montebourg (Cotentin) até fevereiro de 1920.

1920 Ajudante-de-campo do ministro da Marinha.

1922 *Janeiro*: comando da canhoneira *Diligente*, no comando da esquadrilha de dragagem da flotilha do quinto distrito naval, até janeiro de 1924.

1923 **25 de julho: capitão-de-corveta.**

1924 *Abril-junho*: estágio de controle dos brevês de piloto de dirigível.
Junho: comandante do Centro de Aeronáutica Naval de Cuers-Pierrefeu até agosto de 1926.

1926 *Outubro*: adido naval em Berlim até janeiro de 1931.

1928 **17 de janeiro: capitão-de-fragata.**

1931 *Maio*: comandante do aviso *Altaïr* das forças navais do Extremo Oriente até julho de 1933

1934 *Junho*: comandante da Base de Aviação Marítima de Rochefort.

1935 *Outubro a dezembro*: estágio em Toulon.
Dezembro: ouvinte no Centro de Altos Estudos Navais até julho de 1937.

1937 **1º de agosto: capitão-de-mar-e-guerra.**
De julho a novembro: Toulon.
Novembro: Colégio de Altos Estudos de Defesa Nacional, até abril de 1938.

1938 *Agosto*: comando do cruzador *Duguay-Trouin* da primeira divisão da esquadra de instrução em Toulon.

1939 Designado para a divisão de patrulhas e comboios da AOF e depois para a divisão naval do Levante.

1940 *Maio*: Força X em Alexandria.

Outubro: repatriado por motivos de saúde para a terceira divisão marítima (Toulon).

Novembro: licença de convalescença renovada.

1941 *Julho*: Presidente do tribunal marítimo de Toulon.

Dezembro: licença de longa duração.

1943 *Abril*: aposentadoria.

1944 *19 de agosto*: executado em Lyon-Bron.

Principais condecorações e citações

I. JACQUES DE PRÉVAUX

1) Até 1939

— Cavaleiro da Legião de Honra, 16 de junho de 1920: "Exerceu de maneira particularmente brilhante o comando de um centro de dirigíveis de importância capital."

— Oficial da Legião de Honra, 21 de janeiro de 1931

— Cruz de Guerra, 14 de novembro de 1918: "Oficial de valor, obteve o rendimento máximo do centro de dirigíveis de Marquise por sua energia e por seu ardor, sob freqüentes bombardeios aéreos. Efetuou inúmeras horas de vôo."

2) Por feitos da Resistência

— *Distinguished Service Order* (condecoração britânica), 31 de janeiro de 1943.

— Comendador da Legião de Honra, 10 de abril de 1945: "Oficial superior do mais alto valor moral e do mais ardente patriotismo. Foi um dos primeiros a abraçar a causa da Liberação. Comandante de uma rede de informações, forneceu de maneira regular informações da mais alta importância. Distinguiu-se em todas as oportunidades por suas notáveis qualidades de condutor de homens e seu desprezo total do perigo. Capturado pelos alemães, sofreu sem falhar torturas físicas e morais. Foi para todos um exemplo admirável de coragem e de espírito de sacrifício." Esta condecoração comporta a atribuição da Cruz de Guerra com palmas.

— *Virtuti Militari* (condecoração polonesa), 19 de abril de 1945, por "feitos de guerra notáveis em território francês durante a ocupação alemã".

— Cruz da Liberação, 18 de janeiro de 1946: "Oficial superior do mais alto valor moral e dotado do mais admirável espírito de sacrifício. Nas fileiras da Resistência desde 1941, consagrou-se inteiramente à causa da Liberação, assumindo o comando de uma rede de informações, comando que realizaria nas condições mais brilhantes até 29 de março de 1944, data em que foi preso e torturado pelo inimigo. Deu provas em todas as circunstâncias do mais completo desprezo pelo perigo e foi para todos os seus homens um admirável exemplo de patriotismo e de espírito de sacrifício."

Criada pelo general de Gaulle, a Ordem da Liberação conta com 1.038 companheiros. Apenas 238 cruzes foram outorgadas a título póstumo.

3) Promoção

Promoção (16 de abril de 1945) de Prévaux ao posto de contra-almirante com reconvocação à atividade a contar de 1º de janeiro de 1941 e anulação da licença de atividade. Não se trata de uma nomeação a título póstumo, relativamente fácil de ser decidida, mas sim de uma promoção real. Na data do decreto, de fato, Prévaux ainda era considerado como "desaparecido", datando as provas formais de sua execução e seu atestado de óbito de novembro de 1945. "Dada a importância dos serviços prestados por ele e as admiráveis qualidades de coragem e devotamento de que deu provas, é de se desejar que o capitão-de-mar-e-guerra Trolley de Prévaux, desaparecido depois de sua prisão, possa ser dignamente recompensado... Uma proposta de promoção ao posto de contra-almirante, com efeito retroativo até 1.º de janeiro de 1941, justificar-se-ia plenamente." (Tenente-coronel Debesse, relatório justificativo ao Almirante d'Argenlieu.)

4) Relatórios justificativos

— Vincent Rozwadowski (pseudônimo: Pascal), chefe da rede F2.

"Oficial de Marinha de alto valor, licenciado por Darlan em 1941, busca imediatamente as possibilidades de passar para as Forças Francesas Livres. Em novembro de 1941, desejando servir a qualquer preço, faz contato com Foch, da rede F2 e, apesar da diferença de posto, trabalha como simples informante, fornecendo excelentes informações sobre a marinha inimiga.

"Na primavera de 1942 é encarregado pelo chefe da rede de constituir um setor autônomo de informações 'Marinha', do qual assume a direção. Na primavera de 1943, depois da queda da rede F1, ajuda de modo extremamente eficaz na organização do setor 'Anne' (Mediterrâneo) da rede F2, do qual assume a direção em abril de 1943.

"Dirige essa rede demonstrando talentos de organizador notáveis e um total desprezo pelo perigo, chegando a fazer da rede 'Anne' o setor modelo do serviço. Durante um ano, chega a cobrir com sua rede de informantes toda a costa mediterrânea e a fornecer aos Aliados, de maneira regular, informações da mais alta importância (numerosos despachos de agradecimento e atribuição da DSO).

"Admirável na condução dos homens, soube impor-lhes a disciplina mais estrita baseada na confiança mútua e fazer-se amar por todos os seus subordinados. Malgrado uma saúde comprometida, nunca se entregou ao cansaço. Sem se preocupar com a carreira nem com promoções, dirigiu até o fim a organização que lhe fora confiada.

"Preso em 29 de março de 1944 e acusado de ser o chefe de uma rede aliada de informações, suportou com estoicismo longas torturas sem comprometer ninguém e assumindo sozinho todas as responsabilidades. Foi e será para todos que trabalharam com ele um modelo de lealdade, de coragem e de patriotismo desinteressado."

— Tenente-coronel Debesse, chefe do Serviço da França Combatente:

"Oficial superior do maior valor moral, tentou, desde 1941, unir-se às FFL. Estava em contato com uma rede de informações e preferiu, apesar da patente elevada, e a pedido de seus chefes, continuar a servir na França em vez de ir para a Inglaterra, considerando que era na França que poderia prestar melhores serviços. Apesar da idade e de sua patente, começou a trabalhar como simples agente de informações, papel no qual prestou notáveis serviços.

"Chegou pouco a pouco a assumir a direção de uma rede de informação de grande importância, sobre as frotas e as organizações defensivas inimigas no Mediterrâneo. Durante todo o seu período de comando deu provas do mais admirável desprezo pelo perigo, de um devotamento total, consagrando-se inteiramente à sua tarefa, apesar do perigo que comportava e de uma saúde já muito debilitada. Admirável condutor de homens, soube impor a todos os seus subordinados uma perfeita disciplina e permaneceu para todos os seus agentes como um exemplo de patriotismo e de espírito de sacrifício.

"Preso em 29 de março de 1944, suportou com estoicismo longas torturas. Não apenas nada revelou da organização que comandava, como também buscou assumir toda a responsabilidade para tornar mais leve a de seus homens."

II. DE LOTKA DE PRÉVAUX

— Cruz da Coragem (condecoração polonesa), 12 de setembro de 1942.

— Cruz do Mérito em ouro, com espadas (condecoração polonesa), 13 de abril de 1945.

— Medalha da Resistência a título póstumo, 5 de maio de 1945. Relatório justificativo:

"A partir de sua entrada na rede serviu como secretária de seu marido; depois, reclamando sempre uma utilização mais perigosa de seus serviços, tornou-se agente encarregado de missões especiais e correio do chefe da rede. Como tal, cumpriu várias missões importantes e perigosas: ligações com os americanos, acompanhamento de militares aliados, transporte de correios. Em todas as missões que lhe foram confiadas, mostrou um sangue-frio extraordinário, uma coragem exemplar e uma tenacidade notável. Sempre apresentou-se como voluntária para as missões mais difíceis e perigosas. Presa em 30 de março de 1944, suportou por longas semanas suplícios terríveis sem trair os endereços importantes que só ela conhecia. Salvou assim a equipe dirigente de sua rede. Foi fuzilada em Bron no dia 19 de agosto de 1944."

— Cruz da Liberação. Lotka não foi nomeada *stricto sensu* companheiro da Liberação. É verdade que esta ordem conta apenas com seis mulheres. Ela é, no entanto, considerada como tal pela Ordem da Liberação; o texto consagrado ao almirante Trolley de Prévaux no 'Memorial dos Companheiros' encerra-se assim:

"Unidos na ação de Resistência, unidos na provação das prisões, eles encontraram-se ainda unidos em seu sacrifício. Nós não iremos separá-los, portanto, sob o signo da Cruz de Lorraine e da divisa de nossa Ordem."

Fontes

As informações concernentes à carreira militar de Jacques de Prévaux, assim como as apreciações de seus superiores, foram tiradas de seu dossiê individual de oficial, conservado nos Arquivos do Serviço Histórico da Marinha, em Vincennes.

A correspondência e os diários íntimos de Jacques e, a partir de 1934, as cartas de Lotka foram uma fonte importante de informações, assim como um certo número de documentos de ordem militar.

Como estas duas fontes (arquivos do SHM e arquivos privados, assinalados AP) foram recorrentes, não serão mencionadas a cada capítulo.

PRIMEIRA PARTE

1. Uma vocação de marinheiro

Diário de campanha 1908-1909 no cruzador-escola *Duguay-Trouin* (AP).

Abbé Lebeurier, État des anoblis (sic) en Normandie de 1645 a 1661, Évreux, 1866.

P. de Longuemare, Notes sur une descendance normande d'un frère de la Pucelle d' Orléans, Caen, 1915.

2. Os anos de guerra

Cartas de Jean Roulier e de sua mãe a J. de P. (AP).

Discurso pronunciado por G. D'Annunzio nas obséquias de J. Roulier (AP).

Claude Farrère, *Fumée d'Opium*, Éditions Kailash, 1996.

La Patrie e *La Presse* de Montreal, de 10, 11 e 14 de julho de 1913; *Le Courrier de la Plata* de 12 de março de 1913.

Cartas de Roland de Margerie a J. de P. (AP).

3. Piloto de dirigível

Sobre a história da Aeronáutica Naval:

Vice-almirante Vercken, *Histoire succincte de l' Aéronautique navale*, ARDHAN, 1993.

N. Desgouttes, *Les commandements de l' Aéronautique navale*, ARDHAN, 1994.

C.V. Muracciole, *L' Aéronautique navale, des origines à 1918*, editado pelo Serviço Central da Aeronáutica Naval.

Comandante de Brossard, *Lâchez tout!*, France-Empire, 1956.

4. Manter sua posição

Cartas a J. de P. de Roland de Margerie e de Catherine Ollivier.

Ordem geral n.º 46 do CF Jean de Laborde, comandante das patrulhas aéreas dos exércitos do Norte (AP).

L'Aéronautique naval de Cuers-Pierrefeu de 1917 à 1972, brochura editada pela Divisão de Construções da Aeronáutica naval de Toulon, 1972, e as obras mencionadas acima no capítulo 3.

5. Adido Naval

Sobre o contexto histórico e a atmosfera em Berlim:

Benoist-Méchin, *Histoire de l' armée allemande*, Albin Michel, 1936.

G. Badia, *Histoire de Allemagne contemporaine*, Édit. Sociales, 1964.

A. Bérard, *Au temps du danger allemand*, Plon, 1976.

Nicolaus Sombart, *Jugend in Berlin*, Carl Hanser Verlag, Munique, 1983.

Sobre René Crevel e Mopse:

M. Carassou, *René Crevel*, Fayard, 1989.

F. Buot, *René Crevel*, Grasset, 1991.

Sobre Pierre e Andrée Viénot:

Dictionnaire biographique du mouvement ouvrier français, publicado por Jean Maitron, 4ª parte, 1993.

Sobre o Comitê Franco-Alemão:

F. Lhuillier, *Dialogues franco-allemands 1925-1933*, publicações da Faculdade de Letras da Universidade de Estrasburgo, 1971.

P. Viénot, *Incertitudes allemandes*, 1931.

6. Um comando no mar

Sobre o contexto e a atmosfera em Xangai:

A. Malraux, *A condição humana*.

Guias de Xangai.

Rapport sur la situation économique en Chine, apresentado à Assembléia Geral de 19 de junho de 1931 na Câmara de Comércio Francesa da China (AP).

Sobre o itinerário do *Altaïr*:
Positions et mouvements de l'Altaïr, 1930-1933, arquivos da Marinha de Brest
Journal de Shangai, 24 de abril de 1932.

Sobre os incidentes sino-japoneses em Xangai em janeiro de 1932:
Coletânea de ordens de operação.
Sumário dos telegramas enviados pelo comandante superior no porto de Xangai ao vice-almirante comandante-em-chefe das forças navais no Extremo Oriente.
Coletânea de boletins cotidianos de informações do Serviço Político dos Serviços de Polícia (o conjunto: AP).

Sobre Blandine e o fascismo:
Blandine Ollivier, *Jeunesse fasciste*, Gallimard, 1934.
L'Allemagne et nous, Le Document, janeiro de 1939 (AP).

SEGUNDA PARTE

Sobre Jaroslaw e a família Leitner:
Depoimento de Willy Leitner colhido pela autora.

Sobre Mopse:
Cartas de Mopse a Lotka (AP).
René Crevel, *Lettres de désir et de souffrance*, Fayard, 1996.
Lettres à Mopse, apresentadas por M. Carassou, Paris-Mediterranée, 1997.

Sobre Vionnet:
J. Demornex, *Madeleine Vionnet*, com fotos, Éd. Du Regard, 1990.
Madeleine Chapsal, *La chair de la robe*, Fayard, 1989.
Depoimento de Natacha Duché colhido pela autora.

3. Rochefort

Sobre a BAN de Rochefort:
As obras mencionadas acima no capítulo 3.
70 ans d'Aéronautique Naval à Rochefort, editado pela BAN em 1986.
"Les dirigeables de Rochefort", revista *Cols Bleus* de 13 de outubro de 1984.
Depoimentos do almirante de Brossard e de Camille Migaud colhidos pela autora.
Depoimento de Daniéla Jeanson.

4. Vida dupla

Cartas das famílias Leitner e Trolley de Prévaux (AP).
Cartas a J. de P. de P. Viénot e de F. Piétri (AP).

Sobre o CHEN: arquivos do SHM
Depoimento de Natacha Duché colhido pela autora.
Dossiê de M. Lesourd (processo de divórcio), AP.

5. No *Duguay-Trouin*

J. Guilini e A. Moreau, *Les Croiseurs de 8.000 T*, Marines Éditions, 1995.
Sumário da atividade do *Duguay-Trouin* de 25 de agosto de 1939 a 22 de junho de 1940 (AP).
G. Debat, *Marine oblige*, Flammarion, 1974.
Cartas de G. Debat a J. de P.

Depoimentos de G. Debat e Guy Simon colhidos pela autora.

6. A Força X em Alexandria

As obras, cartas e depoimentos mencionados no capítulo precedente.
E. de Larminat, *Chroniques irrévérencieuses*, Plon, 1952.
Bertrand, *Les Forces navales françaises libres*, Argout, 1980.
V.A. Chaline e C.V. Santarelli, *Historique des FNFL*, SHM, 1989.
J.L. Crémieux-Brillac, *La France Libre*, Gallimard, 1996.
Comunicações e ordens do Estado-Maior da Força X e do comandante do *Duguay-Trouin* (AP).

TERCEIRA PARTE

As informações concernentes à rede F2 provêm de várias fontes:
V. Masson, *La Résistance dans le Var*, editado pela Associação dos MUR do Var, 1983.
J. M. Guillon, *Le Var, la guerre, la Résistance* (AP).
"Le réseau F2", *Revue historique de l'armée*, 1952.
L. Sliwinski, *Historique du réseau F2*, 1976 (AP).
Coletivo, *Le Réseau F2*, 1977 (AP).
L. Sliwinski e T. Jekiel, "Les services de renseignements polonais pendant la Seconde Guerre mondiale", comunicação, 9 de novembro de 1984 (AP).
L. Sliwinski, "La Résistance et le renseignement dans la Seconde Guerre mondiale" , comunicação, março de 1984.
T. Wyrna, "La résistance polonaise en France" , in *Revue d'histoire de la Seconde Guerre mondiale*, PUF, abril 1986.

G. Havard, "Mes souvenirs de guerre" (AP).

J.-L. Crémieux-Brillac, *op. cit.*

H. Noguères, *Histoire de la résistance en France*, Robert Laffont, 1976, II, III e IV.

La Vie quotidienne des résistants de l'armistice à la Libération, Hachette, 1984.

J.-P. Azéma, *De Munich à la Libération*, Le Seuil, 1979.

D. Veillon, *Le Franc-Tireur*, Flammarion, 1977.

Hinsley, *British Intelligence in the Second World War*, Londres, 1979.

Arquivos nacionais.

Depoimentos colhidos pela autora com L. Sliwinski, G. Havard, J. Lévy-Rueff, Stanislas Lucki, Pierre Fourcaud, Mathilde Pascalis, almirante de Lachadenède, Eva Bringué-Tournier.

Faltam os arquivos do 2º gabinete do almirantado: segundo L. Sliwinski, uma parte, confiada a seu chefe, o tenente-coronel Langenfeld, teria desaparecido; uma outra teria sido incinerada em julho de 1945 e o que foi transmitido aos serviços secretos britânicos não está disponível para consultas.

1. No tribunal militar

Sobre a "licença de atividade" de J. de P.:

Bulletin da *Amicale* dos antigos membros dos serviços especiais da defesa Nacional, 3º trim., 1989.

Cartas e depoimentos do coronel Paillole colhidos pela autora.

Ordem de licença de longo prazo, lei de 8 de novembro de 1941 instituindo a posição de licença de atividade (AP).

Arquivos do SHM.

2 e 3

Carta de A.H. Brun (AP).

Depoimentos de J. Lévy-Rueff e de G. Havard (Arquivos nacionais).

4. O logro

Sobre o encontro Sliwinski/Prévaux:

Relato de L. Sliwinski e depoimento escrito de Thadée Korycki (pseudônimo: Bey).

Sobre as ligações F2/IS e a questão das relações com as FFL ou o BCRA:

As obras já mencionadas de Crémieux-Brillac, de Noguères e de Hinsley.

Ficha de J. de P. no 2° Bureau do EMG polonês de Londres (AP).

Carta de L. Sliwinski a Pierre T. de P.

Depoimento de Lévy-Rueff.

Carta de J. de P. a Pierre Viénot (AP).

5. Como simples informante

Depoimentos de Mathilde Pascalis, Pierre Fourcaud, Raymond Leibovici (este último in Arquivos nacionais).

Estatutos da SPAM (AP).

6. O combate na sombra

Noguères, *Le suicide de la Flotte française à Toulon*, Laffont, 1961.

Sobre a DSO: lista de marinheiros que receberam a DSO (carta do Almirantado britânico, AP). A citação que vem junto com ela desapareceu, pois o dossiê J. de

P. foi destruído: "era impossível arquivar todos os dossiês da Segunda Guerra Mundial", respondeu-me o Almirantado.

A citação de de Lattre foi extraída da obra de Masson (*op. cit.*).

7. A prisão dos Leitner

Cartas de B. e I. Leitner, de Jeanne Leitner, da sra. Lelong (AP).

9. Montluc

Depoimentos escritos de Henri Stroweis (pseudônimo: Balzac), srta. Mortorel, Dolly Argaud, sra. Vasteenberghe, Ginette (?), Guillon de Langeron, capitão Gout, Marcelle Trillat (AP).

Data dos interrogatórios, por L. de P. (AP).

Planta do ossário de Bron, certidões de óbito (AP).

Relato das matanças de Bron e de Saint-Genis-Laval em *La Marseillaise* de 11, 12, 13 e 14 de setembro de 1944 e *France-Soir* de 3 de setembro de 1984.

Agradecimentos

Este livro não teria sequer começado nem chegado a termo sem o apoio do almirante Michel Debray. Agradeço-lhe também por ter aceito a tarefa fastidiosa da releitura e correção dos termos próprios à Marinha nacional. O capitão-de-mar-e-guerra Robert Feuilloy aceitou fazer o mesmo trabalho no campo da Aeronáutica Naval e devo agradecer-lhe igualmente por ter-me guiado na pesquisa de documentos sobre os exórdios da Aeronaval.

A ajuda e o encorajamento indulgentes de Jean-Louis Crémieux-Brillac foram muito preciosos.

Encontrei uma acolhida compreensiva da parte do contra-almirante Jean Kassler, tanto quando era chefe do Serviço Histórico da Marinha, quanto depois; o mesmo também por parte da sra. René-Bazin nos Arquivos Nacionais. Seus conselhos e ajuda foram de grande utilidade.

Devo ao historiador Pascal Mercier ter conhecido o papel desempenhado por meu pai junto a Pierre Viénot no Comitê Franco-Alemão.

Que todos os antigos companheiros de meus pais, colegas, amigos, companheiros de luta recebam aqui o meu agradecimento por terem me recebido e concordado em remexer em suas memórias e lembranças: capitão-de-mar-e-guerra Borderies, Éva Bringué-Tournier, almirante de Brossard†, contra-almirante Chevillotte, capitão-de-mar-e-guerra Georges Debat†, Natacha Duché, coronel Pierre Fourcaud†, dr. Jean Godeau, Gaston Havard†, Daniéla Jeanson, Willy Leitner†, Stanislas Lucki, Jacques Lévy-Rueff, Roland de Margerie†, Camille Migaud, coronel Paillole, Mathilde Pascalis, Guy Simon, Léon Sliwinski, Michel Trólley de Prévaux, sra. Vastenbeerghe.

Sinto-me particularmente grata a Mathilde Pascalis e a seu filho Éric que, durante quase cinqüenta anos, guardaram fielmente os arquivos de meus pais.

Obrigada, enfim, a minha família e aos que me cercam por terem dado provas de paciência e compreensão durante a gestação deste livro.

Este livro foi composto na tipologia Stone Serif, em corpo 10/15, e impresso em papel Offset 75g/m² no Sistema Cameron da Divisão Gráfica da Distribuidora Record.